新经济环境下
区域金融风险管理理论与实践研究

王娜　著

中国纺织出版社有限公司

内 容 提 要

在当今新经济环境下，金融科技飞速崛起，既推动了金融市场的蓬勃发展，也带来了新的金融风险，区域金融风险防控更是面临严峻挑战。本书从理论和实践双维度，系统介绍区域金融风险管理的相关理论，分析当前区域金融风险管理和风险防控的概况以及存在的问题，探索新经济环境下区域金融风险管理的热点问题、创新性研究问题及创新性的风险管理策略，积极研究区域金融风险管理中的新趋势和创新策略，并对国内区域金融风险管理和应对成功经验及失败教训进行案例分析与比较研究，为我国区域金融风险管理和政策实践提供了有益参考和借鉴。

图书在版编目（CIP）数据

新经济环境下区域金融风险管理理论与实践研究 /
王娜著 . -- 北京：中国纺织出版社有限公司 , 2025. 8.
ISBN 978-7-5229-2943-9

Ⅰ. F832.7

中国国家版本馆 CIP 数据核字第 2025MD7071 号

责任编辑：向　隽　史　倩　责任校对：高　涵
责任印制：储志伟

中国纺织出版社有限公司出版发行
地址：北京市朝阳区百子湾东里 A407 号楼　邮政编码：100124
销售电话：010—67004422　传真：010—87155801
http://www.c-textilep.com
中国纺织出版社天猫旗舰店
官方微博 http://weibo.com/2119887771
天津千鹤文化传播有限公司印刷　各地新华书店经销
2025 年 8 月第 1 版第 1 次印刷
开本：710×1000　1/16　印张：14
字数：220 千字　定价：98.00 元

凡购本书，如有缺页、倒页、脱页，由本社图书营销中心调换

前　言

在新经济环境下,区域金融风险防控正面临新挑战和新机遇：金融科技、绿色金融、经济全球化等使区域金融风险多样化、复杂化,在客观上要求在确保区域金融安全、稳定的前提下达到持续良性发展状态。

近年来,世界经济发展速度提升,金融市场对外开放,不同区域间金融关系紧密,但金融风险的传染、扩散、跨界却在不断增加。尤其是在当今新经济环境下,金融科技的兴起,给金融市场插上了腾飞的翅膀,也带来了新的金融风险。绿色金融的出现,则为我们找到了金融市场可持续发展的新出路。怎样发现风险、测算风险、控制风险并实现金融市场的可持续发展是我们急需解决的问题。

本书力求从宏观、微观层面系统地研究和解决新经济环境下的区域金融风险管理难题。希望通过系统地总结区域金融风险管理的相关理论,剖析目前区域金融风险管理的基本现状,探索新经济环境下的区域金融风险管理的新趋势,提出新对策,为金融学者、政策制定者、金融机构的从业者等在分析区域金融风险、制定金融政策时提供有益的参考和借鉴。

本书共 8 章。第 1 章为绪论,主要内容包括研究背景和意义、国内外研究现状、研究方法及本书结构说明。第 2 章为新经济环境及其对金融系统的影响分析,对新经济环境的定义及新经济环境对区域经济发展结构及金融体系的影响进行综述与分析,这将为后续新经济环境下的区域金融风险管理研究奠定理论基础。第 3 章为区域金融风险管理的理论基础,主要包括区域金融风险定义、区域金融风险产生原因、区域金融风险传导方式等,为区域金融风险管理的研究工作提供理论依据。第 4 章为区域金融风险管理的现状分析,主要包括区域金融风险管理的识别、区域金融风险管理的控制与防范、区域金融风险管理的监管等方面,对新经济环境下的区域金融风险管理现状进行全面的研究和分析,从中发现不足之处,并指出改进的方向。第 5 章为区域金融风险管理实践案例分析,主要通过地方政府的债务风险管理这一实践活动剖析区域金融风险防控所面临的问题。通过对国内外地方政府债务风险管理体系案例的分析,总结成功的经验并对一些缺陷提出弥补建议。第 6 章分析了新经济环境下区域金融风险管理的新趋势,包括金融科技的应用、绿色金融的兴起等,为区域金融风险管理的创新提供了思路和方向。第 7 章为新经济环境下区域金融风险管理的创新策略,主要包括更新区域金融风险管理思想、创新区域金融风险管理技术与方法、优化区域金融风险管理的预警系统等。这既是新经济环境下区域金融风险管理的经济对策与策略,也是保证区域金融风险管理顺利发展的必要措施。第 8 章是研究结论总结,并对未来的发展方向进行展望,提出了针对当前研究不足的改进建议。

在本书编写过程中,注重理论联系实际,系统介绍区域金融风险管理的相关理论,分析当前区域金融风险管理和风险防控的概况以及存在的问题,探索新经济环境下区域金融风险管理的热点问题、创新性研究问题及创新性的风险管理策略,为金融市场稳定和可持续发展提供有益支撑。同时,本书还积极研究区域金融风险管理中的新趋势和创新策略,对国内区域金融风险管理和成功经验及失败教训进行案例分析与比较研究,为我国区域金融风险管理和政策实践提供有益参考和借鉴。

本书为 2024 年度辽宁省社会科学规划基金项目(L24AJY011)的研究成果,项目名称是辽宁省地方政府债务对区域金融风险的影响研究。本书的编写得到诸多专家学者的指导和帮助,也得到很多同行和朋友的支持和鼓励,在此向所有为本书撰写提供帮助和支持的人士表示由衷的感谢!向广大读者对本书的关注、支持和厚爱表示诚挚的谢意,也希望本书能够为金融研究者、政策制定者和业界专家提供有益的参考和启示。

王娜
2025 年 2 月

目　录

第 1 章　绪论

在全球一体化和区域经济一体化的背景下,世界各国对金融业的监管和控制已成为一个十分迫切的问题。本章内容旨在为后续深入研究奠定理论基础与框架。首先,本章对研究背景及意义进行了详细阐述,具体包括国家政策在金融风险管理方面的作用、新经济环境所带来的挑战、区域金融风险的系统性和传导性,以及对金融业监管需求的紧迫性等。这不仅揭示了本课题研究的必要性和紧迫性,也说明了其研究的科学价值和实践价值。其次,本章通过对国内外研究现状的综述,揭示了现阶段该课题研究的成就与不足。在此基础上,提出了本研究的创新点和展望。最后,明确了本研究将运用的研究方法,并介绍了本书的整体结构,为读者阅读本书起到引导作用。

1.1　研究背景及意义

1.1.1　研究背景

在中国改革开放日渐深化的今天,随着金融业改革的不断深入,金融业的改革发展成为中国金融业稳定、健康、快速发展的重要保障,深入剖析、正确测定、有效应对和灵活缓解区域金融风险的影响要素极其重要。这是关系到金融业务安全平稳经营,也是关系到消除区域性和系统性金融风险的爆发、保持金融秩序正常运行、形成金融风险的长期管理的重要举措。

1.1.1.1 国家政策对金融风险管理的需求

自 2012 年以来,我国在《政府工作报告》《中华人民共和国国民经济和社会发展第十三个五年规划纲要》等重要文件中,多次提出"守住不发生系统性、区域性金融风险的底线"的要求,表明了对防范系统性金融风险的高度重视和重点推进。

2015 年 10 月 16 日,中共中央政治局领导在与金融企业的座谈会上明确表示:"要维护金融稳健运行,有效防范和化解金融风险,引导和稳定社会预期。坚决守住不发生区域性系统性金融风险底线,为经济持续健康发展作出新贡献。"这一讲话精神,为金融机构的风险管理工作指明了方向,也提供了根本遵循。

2021 年 4 月 8 日召开的国务院金融稳定发展委员会(以下简称"金融委")第五十次会议强调,以金融供给侧结构性改革为宗旨,以防范系统性风险为底线,坚持问题导向,综合施策,通过深化改革和加强监管,取得微观治理机制的效果,改善地方金融生态。同年 12 月召开的中央经济工作会议再次强调,要加强顶层设计,坚持系统布局,以改革创新为根本动力,坚持稳中求进工作总基调,全面贯彻新发展理念,加快构建新发展格局,着力推动高质量发展,巩固全面建成小康社会成果,确保"十四五"发展开好局,推动社会主义现代化建设取得新进展,以推动经济社会高质量发展的优异成绩庆祝建党 100 周年。会议强调,完善金融政策体系,丰富金融产品供给,提升金融监管效率,防范化解金融风险,增强金融服务实体经济的能力和水平,坚决守住不发生系统性金融风险的底线。

2022 年,国务院金融委专题会议提出应对资本市场波动与平台经济治理,要求"稳妥推进大型平台企业整改",防范互联网金融风险外溢(如蚂蚁集团整改)。这一系列措施体现了国家对金融创新和互联网金融风险的高度关注,通过规范平台经济,确保金融市场的稳定和健康发展。

2022 年 12 月,中央经济工作会议强调"稳增长、稳就业、稳物价",统筹发展与安全,明确"守住不发生系统性风险底线",压实地方主体责任,健全中小银行风险处置机制。同时,提出"加强金融稳定保障体系",推动高风险地区"精准拆弹",确保金融体系的稳健运行。

2022 年中国人民银行发布的《中华人民共和国金融稳定法(草案)》强化了央行与地方政府的风险处置协同机制,明确了金融机构及其主要股东、实际控制人的主体责任,地方政府的属地责任和金融监管部门的监管责任。这标志着我国在金融稳定保障体系建设方面迈出了重要一步,为防范系统性金融风险提供了坚实的法律基础。

新时代特别是近年来,在国内外环境波澜诡谲的背景下,国家多次对金融风险防控工作进行强监管。2024 年政府工作报告再次强调"坚决守住不发生系统性金融风险底线",提出加强宏观审慎管理和金融稳定保障体系,加强对重点领域和薄弱环节的风险排查和防控,牢牢守住金融体系稳健运行底线。

1.1.1.2　新经济环境的挑战

随着数字化转型持续推进,金融科技广泛运用,新型金融风险出现,金融风险的种类更加多样化,复杂程度更高,一些新的金融风险如网络安全风险、数据隐私泄露风险、算法歧视风险不断涌现,数字化推进下金融风险传导更为迅速,区域金融风险外溢性和监管的难度也随之增加。

经济全球化带来的跨境资金波动性上升会增加区域金融脆弱性。美国联邦装备系统(即美联储)等主要国家央行货币政策变化可能会导致新兴市场资本外流,影响区域金融。此外,地缘政治冲突以及全球供应链断裂导致供应链金融脆弱性上升,产业链断裂可能导致企业资金链断裂进而影响金融机构的资产安全性,这些都要求区域金融监管推进国际与区域性金融监管强化,通过跨境金融监管加强风险监测与化解。

绿色转型会增加绿色金融业务的风险。一是因为绿色金融项目的专业技术含量较高,金融机构在项目选择上难度比较大;二是因为传统高碳产业在低碳转型中会出现收贷收息难、转型风险增高等贷款问题。同时,由于环境、社会和公司治理(ESG)投资的兴起,出现了"洗绿"问题,部分企业在绿色金融投资中通过各种方式获得绿色金融资源,这会增加金融风险。

新时代下信息化、全球化以及绿色化等新经济环境带来的新挑战,使金融市场呈现日益复杂的特征,对金融业的风险管理形成巨大考验。

1.1.1.3 区域金融风险的系统性与传导性

区域金融风险是指区域性金融系统中,金融风险的累积和互渗性以及金融风险的高传染性所导致的区域金融体系不稳定甚至崩溃的可能性。由于该类风险的系统性性质,在某区域中的某一个金融机构或者金融市场发生危机后,可能很快导致整个区域金融体系陷入危机状态。房地产市场波动是区域金融风险重要的传导渠道之一,房地产市场产生泡沫并破裂时,不仅会导致房地产开发商和房地产购买者面临困境,也会带来众多的不良贷款,使银行等金融机构面临困境。

再者,地方债务风险亦会带来传导效应。地方政府对于基础设施建设等举债过度,当财政收入不足以偿债付息之时,就会出现债务违约现象,这将会对金融机构资产质量以及地方金融市场造成影响。金融市场具有很大相关性,在金融领域会出现由该国或该地方的单方面影响引发股票大幅度下跌、金融机构之间的拆借等诸多事项,并使其发生风险。

1.1.1.4 监管需求

经济发展阶段转向高质量发展的当下,风险防控是金融管理的一项重要工作。但是现阶段,金融风险依然存在较多的风险防范意识、风险监管手段薄弱的现象。金融新经济要求以新的监管政策与手段来应对新的风险领域,旧的金融监管方式和手段面对新金融风险的滞后性显著,如新的金融模式(网络金融、数字货币等)使得风险防控监管部门难以及时获取其发展规律,无法准确掌握风险系数。

另外,区域金融风险复杂性与系统性均要求强化金融监管,区域之间经济结构、金融体系及风险的差异性,要求在区域金融风险防范过程中实施差别化监管,而现有的金融监管模式的不足之处在于,其区域协调性仍有待提升,对跨区域之间的风险传导难以充分把握。

总之,金融的不断深化与发展要求我们加强对区域金融风险的管控与防控,我国金融机构要响应国家号召,不断提升自身金融风险管理工作能力,并且为金融市场的稳健发展、经济的持续健康发展做出新的贡献,要持续重视政府的监管,完善金融法律法规,助推金融市场的透明化和规范化,确保金融体系长期稳定健康发展。

1.1.2　研究意义

宏观层面来看,新经济环境下区域金融风险管理研究具有很强的理论意义和实践意义,对区域金融体系稳定发展具有重要支撑作用。下面主要从理论意义及实践意义两个方面具体阐述区域金融风险应对管理研究的意义。

1.1.2.1　理论意义

具有复杂性、多变性、不稳定性的新经济环境给金融风险管理带来了新的挑战。分析区域内金融风险的管理不仅能丰富金融风险的理论研究,而且也可以增强区域内金融风险的识别、预警以及管控,为保持金融市场的稳定、健康运行奠定坚实的理论基础。

（1）丰富区域金融风险理论

由于以往的金融风险理论难以应对新常态下金融市场的复杂化、不确定性和金融科技迅猛发展的现实需要,将金融风险理论由宏观转向微观,即在区域金融风险管理视角下探讨区域金融风险问题,成为金融风险理论创新的新出路与着力点。

金融科技浪潮中产生的网络金融风险、数字货币风险等新型金融风险的识别与管控需要新的金融风险管理理论为基础,区域金融风险管理研究充分探讨了新金融风险形成的原因、风险的传递路径和传递程度及结果,为金融风险管理理论注入了新理念。此外,区域金融风险与其他的宏观经济因素、政策因素、金融市场结构因素相互联系的表述也为金融风险从宏观层面系统管控、科学有效管控提供了更有力的依据。

此外,鉴于上述对于金融科技在风险管控中现实运用的应用逻辑的具体分析,还有具体的金融科技运用所带来的理论探究,金融科技在风险管控中的应用与创新提高了风险管控的速度与准确性。例如,基于大数据,云计算等新兴风险技术的研究应用,进一步丰富了风险的辨识工作,进一步丰富了风险管控所依托的基本程序,也进一步提高了风险预警等的速度。例如,大数据的运用,可以分析大量数据信息,观察异常数据,对数据进行汇总和处理,并以此展开风险的预警和分析等。

绿色金融背景下的绿色金融风险作为新风险,是一个新研究课题。

本书以综合分析绿色金融活动背景为手段,从绿色金融内涵及其发展等入手,阐述绿色金融的风险管理问题,对绿色金融风险管理的内涵建设做出新思考;在绿色金融风险管理的实践中,进一步探讨绿色金融区域金融风险管理的发展路径,并以此为基础,为绿色金融的发展提供稳固的理论支持。

总之,本书丰富了区域金融风险理论,在金融科技风险、绿色金融风险等新型风险领域拓展了理论研究,为推动金融风险管理全面升级、保障金融体系稳定做出了重要贡献,弥补了金融科技风险、绿色金融风险等新型风险领域理论研究的不足。

(2)完善区域金融风险管理体系

有效、系统性地识别、警报、预防和化解金融风险是金融风险管理研究的核心和要义所在。新经济环境要求改变原有风险管理模型,提升区域金融风险管理研究的重要性,在新经济环境下寻找具有针对性的风险识别及预警模型,为金融系统运行相关机构及部门防范化解区域金融风险发挥支撑作用。例如,用大数据、人工智能技术来构建金融风险预警的识别模式,可实时监控金融市场状况、识别金融市场异常波动风险和防控隐患风险,这些为防控体系的创新奠定了科学基础,也推动了防控体系的多元化发展。

1.1.2.2　实践意义

区域金融风险管理的研究在实践层面同样具有重要的现实价值,主要体现在防范系统性风险、优化资源配置、支持政策制定和促进金融稳定等方面。

(1)防范系统性风险

区域金融风险的系统化要求利用合理的风险管理方法,及时发现与化解金融风险,规避它们对区域经济、金融体系产生的严重冲击,通过设计合理的风险预警机制、应急处置方案的方式,做好系统性风险的防范工作。例如,将房地产市场、地方债务等重点领域风险跟踪纳入实时动态观察,通过预警提示予以控制,就可以避免一些重点领域的风险集中爆发和金融市场的风险点。

(2)优化资源配置

在新的经济环境下,正确有效的风险管理能提高金融资源分配效率,助力区域经济协调发展。金融资源分配效率可直接反映区域经济的竞争力、可持续发展的能力,通过金融风险的科学管理,金融机构能更客观地对项目、企业进行风险判断,优化信贷资源分配,服务实体经济。

更为重要的是,在某些经济欠发达的区域,因为金融风险过高,这些区域内金融机构并不愿意投放相应的金融信贷资源。如果优化区域内的金融风险管理能够促使该区域内的金融风险降低,就能够引发金融资源的优化配置进入该区域,进而促使区域经济实现均衡发展。这种金融资源的优化配置,就能够达到调节和缩小区域之间经济差距的目的,从而促进整体经济的均衡化发展。

(3)支持政策制定

对区域金融风险的分析评价结果可帮助政府和监管部门制定有针对性的金融监管政策,促进金融监管创新。对区域金融风险特征与传导机制的深入分析,能为监管部门提供科学的决策依据,制定更多有针对性、超前性的监管政策。

例如,通过研究金融科技风险,相关政策部门可以根据研究成果制定相应规章制度,加强网络金融、数字货币等方面工作,同时通过区域协调机制更加有效地监管跨区域金融风险传导情况,使金融监管协同有效,通过制定科学有效的相关政策,保障金融市场的稳定性和为金融创新、金融发展保驾护航。

(4)促进金融稳定

有效实施风险管理,有利于提升区域金融体系的稳健性,实现区域金融市场的稳定。区域金融市场的稳定是实现区域经济稳健发展的重要基础,区域金融风险的累积和释放会引发金融市场混乱,从而影响企业和社会居民经济生活的正常进行。

健全风险管理体系建设,有利于减小金融市场的波动程度,提升金融市场信心。例如,通过风险管理体系建设构建风险缓冲系统、预警及应急预案,在风险问题发生时可及时制止,减轻市场恐慌情绪,稳定金融市场秩序,取得金融稳定效果,有利于保障金融业健康、高效运行,持续为实体产业提供良好的金融支持,助力区域经济可持续发展。

对区域金融风险管理进行研究具有重要的理论和实践价值。理论研究方面,补充了金融风险理论,丰富了区域金融风险管理理论体系,有助于防范系统性风险、优化金融资源配置、支持政策制定、维护金融稳定;实践研究方面,帮助预防系统性风险、改进资源配置、支持政策制定和维护金融稳定。区域金融风险管理事关我国金融体系的稳定及区域经济的协调,是我国经济进一步发展并不断深化金融市场的重点课题。随着我国金融科技进一步发展及全球经济环境的不断变化,区域金融风险管理仍需要不断深入,以应对日益严重的金融风险,为金融市场健康发展及区域经济可持续发展提供稳定支持。

(5)支撑"双循环"新发展格局与全国统一大市场建设

在"双循环"新发展格局下,区域金融风险管理对于经济高质量发展具有重要意义。一方面,区域金融风险可以实现对区域间大循环金融资源的支持,促进区域金融高质量发展的内部协调。另一方面,区域金融风险防控可以解决在数字经济背景下金融科技风险以及绿色金融风险等新问题,从而保障金融市场稳定和金融创新发展,为解决新领域和新问题提供理论支撑。另一方面,构建全国性统一大市场,需要消除地方保护,畅通要素流动,而金融风险防控特别是区域金融风险的防控是对这个目标的实践佐证,可以为全国性和区域金融市场规范、有序运行提供相关保障。

总而言之,区域金融风险管理不仅能够抑制系统性风险、优化资源配置、辅助政策调控并稳定金融秩序,还有利于指导"双循环"新发展格局、建设全国统一市场等工作,是推动我国经济高质量发展的重点方向,同时也是应对新型金融风险、发展经济的良好保障。

1.2 国内外研究现状

1.2.1 国内研究现状

区域金融是相对较为完整的一个地理性单元,区域是它的空间属性,金融是它的核心内容。区域经济发展情况是区域金融结构与金融发展水平的决定性因素。近年来,随着区域经济的不断发展和金融市场的日益复杂,国内学者对区域金融风险的研究逐渐深入,取得了诸多重要成果。

1.2.1.1　区域金融风险的影响因素研究

早期研究主要集中在区域金融风险的成因分析上。潘长风(2020)指出,区域经济发展水平是区域金融结构与金融发展水平的决定性因素。李正辉与马守荣(2016)的研究成果在影响因素的选择上具有代表性,能够在一定程度上对区域金融风险做出解释,但未充分考虑地区发展差异性,对分析结果产生了一定影响。

近年来,也有学者分别对区域金融风险的影响因素做了更加深入的探究。马守荣与许涤龙(2014)认为,金融机构内部的非理性扩张、无序竞争行为及外部过于注重规模效应、忽视效益发展等是出现区域金融风险的基本成因。瞿小丰(2019)进一步指出,区域内金融机构之间的无序竞争行为易诱发其自身的经营风险,而部分金融机构内部控制机制缺乏更是加重了其自身高风险投资行为,进一步助推区域金融风险。

房地产市场价格与金融稳定的关系也引人关注。胡金星(2017)提出,房地产相关的金融风险是现阶段我国重要的金融风险源之一。白鹤祥等(2020)对房地产市场对系统性金融风险的形成做了深刻分析,指出地产市场与金融稳定存在紧密关系。

地方政府债务问题同样被视为区域金融风险的重要来源。税制改革下,地方政府享有与责任不对等的财权,致使政府债务持续攀升,若出现还债缺口,将导致地方政府债务风险向金融系统不良资产扩散。除此之外,地方政府的融资平台及土地财政方式存在较大的隐性债务,继而将引发区域金融风险的积聚。

1.2.1.2　区域金融风险的测度与预警研究

针对区域金融风险的测度与预警,国内学者建立了诸多金融指标和模型。谢坤、夏琦、谭中明(2019)构建了省域的系统性金融风险指标体系,建立了风险监测模型,计算我国 31 个省(自治区、直辖市)的风险水平,发现区域内金融风险呈现由西到中再到东逐步提升的趋势。2020年,谭中明、夏琦从中国金融风险和宏观波动的关系角度对计算金融风险的宏观和微观指标体系进行了详细介绍。实证结果显示,各个风险因素均会对经济增长产生影响,但影响的强弱不同。

近些年,学界逐步细化了区域金融风险预警的指标体系,如贾拓等(2012)将指标体系划分为宏观经济金融、地区金融及地区经济三个维度,构建了区域金融风险预警指标体系。闵剑、朱娇娇(2020)将地方政府债务风险、房地产风险和非法金融活动等指标纳入区域金融风险预警体系中,使得分析更加贴近现实。而金融生态环境这一新的概念也渐渐被应用在区域金融风险的研究中。

金融科技的推进加速了大数据、区块链、人工智能技术在区域金融风险防范中的运用。张峰等(2021)详细阐述了在区域金融风险防范中大数据技术、区块链、人工智能等技术可以实现的功能。例如,基于大数据的实时监测模型可识别区域信贷泡沫,而区块链技术能提升跨区域金融交易透明度,降低风险传染概率。

1.2.1.3 区域金融风险的防控与监管研究

针对区域金融风险防控与监管问题,学者们均认为,对区域金融风险进行防控不应仅从全球的金融风险大环境来思考,还需从区域经济发展的实际出发,制定适应本地区的区域金融发展策略,并强化区域金融监管合作。王旭(2001)指出,区域经济合作的实体经济须有可见的区域金融发展作为基础,与其发展相适应、相联动。

随着金融一体化的深化,一个区域内银行机构在债权债务关系及跨地区金融业务往来的联系日益密切,共同形成了紧密相连的区域金融关联关系,因此区域金融风险传导性也就增加了。所以,进一步强化区域金融监管合作,做好"双支柱"调控框架建设和区域金融体制改革的推进是防范系统性金融风险的有效手段。

1.2.2 国外研究现状

20世纪90年代以来,全球金融危机频频爆发,金融风险不断出现,并且危机越演越烈,给世界各国的经济发展造成了沉重的伤害,也使全球金融体系遭受了前所未有的挑战和考验。世界各国研究人员对金融风险的重视也不断增加,从各个方面、角度对金融风险所表现的本质、特征及影响机理进行探讨与研究。

在国际上,对金融风险的定义主要是从性质上说的。学者认为,金融风险具有传染性,可以像传染病病毒一样从某一家金融机构以极快的速度传染到所有金融机构,这种风险不仅会体现在实体经济上,更会对虚拟经济造成巨大的影响,市场参与者作为金融市场的客体要承担由风险增加所带来的相关成本,成本的积累可能会成为系统性的金融风险,从而对整个经济体造成巨大的威胁。

学者利用实证分析发现,房地产、金融、公用事业、能源等行业的公司对经济产生重要影响,而当这些行业公司陷入极端的困境时,会成为金融风险爆发的主要推动力。Li M 等(2021)的研究就发现了该证据,通过对区域系统性金融风险的测度,为应对区域经济动荡提供了理论依据。

金融体系内机构间的业务关联性是金融风险传染和风险积聚的根源。在金融体系中,银行、证券、保险等机构之间存在不同程度的业务往来和相互依存的关系,金融体系内的业务关联性较高,将会使金融风险急剧增加,Liang Q 等(2020)就探讨了银行机构间的业务关联性对市场风险的影响。

然而,也有学者指出金融网络结构在一定程度上加强了金融关联关系,并且减弱了金融风险的传染能力,相关银行业金融机构在其中起到重要作用。Bakkar Y 等(2020)以及 Diem C 等(2020)在前期研究的基础上对比了银行业对于不同渠道下金融危机发生之后系统性金融风险的产生情况,进一步完善了人们对于金融风险扩散途径的认知。

除此之外,社会人口也是影响区域金融风险的重要因素。地区政府的数据显示,移民人口、收入及支出结构等社会人口因素与区域金融风险之间存在非常紧密的必然联系。这些因素的变化也对区域经济的稳定以及金融风险的积累与扩散产生了重大影响,政府的决策者及管理者针对此类现象需要改进风险应对管理措施,以预防或者解决可持续性问题,为此有学者做出了非常积极的范例研究,如 Navarro-Galera A 等(2021)。

1.2.3　研究的不足与展望

然而,无论是国内还是国外,关于区域金融风险的研究都取得了一定的进展,但也存在一些问题,加之新的经济环境变化后研究又面临新的方向和挑战。

第一,相关研究主体大多以分析区域金融风险的成因、测度、风险预警为主,而对风险防控实施策略以及防控效果的研究不足,这就导致在实际实践中,金融机构与政府面对金融风险时缺乏具体的可行性防控与应对预案。

第二,近年来金融科技蓬勃发展,出现网络金融风险、数字货币风险等新兴风险,但仍存在文献对新兴风险关注度不够的问题。新兴风险具有复杂性和隐蔽性等特点,对金融系统稳定性产生新考验。

展望未来,我们可以看到区域金融风险管理的研究还需要在以下几个方面进行深化和拓展:

一是加强对新兴风险的识别与管理研究,特别是金融科技风险和绿色金融风险等领域。

二是深入探索跨区域金融风险的协同防控机制,构建更加完善的金融风险防控体系。

三是结合新经济环境的特点,研究新的风险管理理念、技术与方法,提高风险管理的效率和准确性。

四是加强地方政府债务风险管理等具体实践案例的研究,为其他地区提供可借鉴的经验和启示。

1.3　研究方法及本书结构说明

1.3.1　研究方法

本书结合新经济金融环境的发展情况,确保本研究所获结果具有系统性与完整性,更加科学。下面简要叙述该书研究过程中采用的研究方法。

第一,文献调研法。以查阅、收集和分析国内外有关地区金融风险的研究文献作为起点,对地区金融风险管理的理论架构、做法和研究进展进行了系统梳理。在此基础上,吸收经典的文献观点、深入探讨地区金融风险管理的理论及其基本要素和机制;聚焦最新研究成果,使研究内容保持先进性和时代性。

第二,规范分析法。在文献研究的基础上明确区域金融的范围与边界,翔实研究区域金融风险具体内涵,归纳与分析区域金融风险的产生与传导途径,发现区域金融风险管理的重点和关键,并以此丰富深化对区域金融风险管理的认识与理解,为风险预警研究提供一定的理论参考依据,亦建立了严谨的研究结构思路。

第三,对比分析法。考虑到地方政府债务风险管理对区域金融风险管理的重要性,在本书中将我国与美国、日本、德国等国家关于地方政府债务风险管理的实践经验进行全面对比分析,总结分析国外地方政府债务风险管理的成功经验和管理模式,这些结论无疑可以为我国地方政府提供借鉴和启示,也将对我国地方政府关于债务风险管理的改进和提升给予一定有益启示,更有利于我国地方政府债务风险管理工作实践。

1.3.2 本书结构说明

本书以新经济环境为背景,共包含8章,突出"理论—现状—实践—趋势—策略"的逻辑主线,每章层层推进、相互衔接,以期深入系统地研究区域金融风险管理。下面就本书内容做如下说明。

第1章为绪论。本章主要介绍选题的背景及意义,论述了新经济时代下区域金融风险管理的重要性和必要性,概述了国内外在此课题领域的一些研究情况,并总结出其存在的不足之处,从而明确了课题研究未来的努力方向;同时对本书的研究方法和写作结构进行了说明,使读者在阅读时具有明确的方向。

第2章为新经济环境的定义及影响。本章对新经济环境的定义及特征进行了详细阐述,分析了新经济环境对区域经济格局和金融系统的影响。通过理论分析及实证分析揭示了新经济环境下区域金融风险呈现多样性、综合性、流动性等多元化特征,为第3章和第4章研究奠定理论基础。

第3章为区域金融风险管理的理论基础。本章对区域金融风险管理相关理论如区域金融风险的含义、成因与传导机制等进行系统归纳,同时也对区域金融风险管理理论依据进行了研究,为构建区域金融风险预警与金融风险管理体系提供了理论依据。

第4章为区域金融风险管理的现状分析。本章对目前区域金融风险管理现状进行深入分析,包括风险识别控制防范以及监管等,借助案例分析,展现了目前区域金融风险管理存在的问题及不足之处,为下文研究提供实践基础。

第5章为区域金融风险管理实践探索。本章以地方政府债务风险管理为例,针对区域金融风险管理的实践应用尝试,将国内外地方政府债务风险的实践应用进行对比,在比较国内外地方政府债务风险管理的基础上,总结国外成功的经验,以便进行借鉴,助力我国地方政府进行更好的债务风险管理。

第6章为新经济环境下区域金融风险管理的新趋势。本章对新经济环境下区域金融风险管理的新趋势进行分析,例如,金融科技背景下对区域金融风险管理的应用分析、将绿色金融引入可持续发展中对区域金融风险管理的应用分析,以此来进行创新思路和方向上的拓展。

第7章为新经济环境下区域金融风险管理的创新策略。本章提出新经济条件下区域金融风险管理创新措施,包括丰富风险管理理念、创新风险管理技术和方法、完善风险预警系统等。新经济条件下完善区域金融风险管理,能保证金融市场的顺利安全运行。

第8章为新经济环境下区域金融风险管理研究结论与展望。本章对全书的研究成果进行总结,并就区域金融风险管理研究结论进行归纳与展望。围绕全书研究成果对区域金融风险管理存在的重点和突出问题进行剖析,对新经济环境下区域金融风险问题研究的不完善之处指出今后努力的方向。

总之,本书有条不紊、资料翔实,从理论和实践双维度对新经济条件下区域金融风险防范的理论和应用进行系统的分析和阐述,希望能为从事相关领域的学者、决策官员以及金融行业从业人员的研究和思考提供帮助。

第 2 章　新经济环境及其对金融系统的影响分析

　　进入 21 世纪以后,世界经济环境发生剧烈的变化,从而形成新经济环境,成为新世纪促进发展的主要动力,因此,本章将重点分析新经济环境的定义及其产生的影响。在本章中,首先,对新经济环境进行定义,详细阐述新经济环境并分析新旧经济环境的不同所在。其次,分析新经济环境下各地区经济所发生的变化,根据地域经济相关的理论以及发展过程对新经济环境对地域所引起的变化进行剖析。最后,介绍新经济环境下金融所产生的影响,从而分析新经济环境下金融的发展。

2.1　新经济环境的内涵界定

2.1.1　新经济环境的定义

2.1.1.1　"新经济"的萌芽与兴起

　　自 1991 年 4 月以来,美国进入了历史上的一个"新"时期,进入了第二次世界大战以来经济持续快速增长的"新纪元"。在这期间,经济持续保持快速发展的势头,通货膨胀保持递减的态势,这一切都给美国甚至全世界产生了"新经济"的影响。美国的权威刊物《商业周刊》敏锐地意识到,在"新经济"中,推动经济发展、科技发展的根本动力源就是信息技术的进步以及世界经济一体化浪潮的发展。"新经济"的产生,离不开信息技术的大发展,信息技术如同一股巨大的推动力推动产业进步、促进世界经济一体化,生产出"新经济"。

"新经济"不是标签,它意味着一场深层经济结构变化,以信息技术革命与制度创新为基础的这种经济,不仅经济不断增长,更可使低通胀和低失业同时存在。"新经济"的诞生,更使以往的经济周期阶段性特征不明显,给世界的经济提供了新的希望。

2.1.1.2 "新经济"的定义

严格意义上说,"新经济"是指 20 世纪 90 年代初美国进入的一段经济持续高速增长时段。本书将"新经济"作为一个更加宽泛和富有相对意义的词,它的存在不是独立的,是相对于传统意义上的"旧经济"而言的。

传统的经济都是由传统产业即传统的工业来支撑发展的,将资源的采集与利用作为主要的生产方式。与此相反,"新经济"则是一种创新型经济,是以高科技产业作为主体,以智力资源作为经济发展的源泉,其不仅从时间跨度上进行划分,更是一个相对的概念,是经济结构和经济发展方式发生变化的节点。

进一步说,新经济是以现代信息技术、3D 打印技术、新能源、人工智能和生物电子等高新技术为基础形成的新产业、新业态和新商业模式,是一种源自美国的新经济模式,其原本指向的是信息技术的产业化,随着实践的发展被极大地丰富和拓展,不再局限于信息技术或互联网产业化的范畴。

从实际发展的脉络来看,新经济主要涵盖以下三个核心层面:

一是新一代信息技术关联类产业。这层可以说是在美国新经济的直接衍生和拓展基础上发展起来的产业,它是新一代信息技术融合形成的新兴产业,比如移动互联网与现代制造业融合形成的新兴产业形态;它是由新一代信息技术直接形成生产力的产业化过程,比如大数据产业的形成;它是以新一代信息技术为基础的应用服务系统,不仅仅是互联网相关服务,还包括电子商务、移动医疗服务等与居民生活相联系的全新的服务类产业。

二是以新能源、人工智能、生物电子、新材料、纳米技术等为代表的新一轮技术革命催生的新产业、新业态和新服务。这些技术对人类社会的影响将远远超过过去的所谓信息技术革命或信息技术化进程,它们不仅将对人类的生活方式产生前所未有的影响,也将从根本上影响世界经济发展、全球劳动分工格局和产业结构的演进,这是整个世界进入一个新的发展阶段的强大引擎。

三是新经济不同于传统经济,但是又在多个领域超越了传统经济。传统经济技术虽然处于核心支撑的位置,但作用是有限的。新经济技术进步作用将更多且更深远。应当强调的是,新经济并不要求摒弃实体经济或者制造业,只是以智能化工业方式来促进产业升级转型,从而实现制造业升级。新经济在技术、动力来源、组织方式以及运作模式等方面均与传统经济存在根本不同。如果说之前的技术革命主要是在对人的体力的主要延伸和替代,那么,新经济是在对人的智力进行深度挖掘和拓展,这意味着人类将进入更加智能、更加高效、更加可持续的发展阶段。

2.1.1.3　新经济环境的定义

新经济这一概念多用来指以信息技术革命和制度创新共同驱动为基础形成的新型经济形态。它既是对原有经济形态的变革和超越,又是对富有创造力的知识在知识型经济结构下主导确立地位、创意产业充当经济新增长点和先导产业的确认,使信息技术迅猛发展、极大提高生产效率的同时,在社会上大量催生出新兴的产业,使经济增长有极大的动力。

当提及新经济环境的含义时,我们更多的是描述一个环境,一个更加巨大和复杂的环境,一个充满高科技、新技术、新应用、新互联并且逐渐智能化的世界,是在全球化、信息化的影响下孕育而成的新经济环境,而不单单是一种新经济的发展环境。

当前新的经济条件下,技术进步与创新是经济发展的根本动力。不管是人工智能还是大数据、云计算还是物联网,都在深刻改变我们的生产和生活,创造了大量新业态和新模式,并与数字化以及智能化相结合,对经济的稳定发展做出了重要贡献。

此外,在新的经济背景下,经济全球一体化以及区域一体化发展过程的速度越来越快,各国经济联系变得更加紧密,贸易以及投资自由化的水平也日渐提高,使得全球经济的发展具有新的活力。但对于各国政府以及企业来说,面对如此的"经济增长",也需要自身不断加强国际竞争力,才可以与国际市场进行更加激烈的竞争。

以上综合表明,新时代新经济背景是一种以科技创新、新经济发展、数字化变革和智能化革命为基础所演化出的、错综复杂的经济背景,它给我们带来诸多新机遇,同时也带来很多新挑战,这就要求我们要与时俱进地适应新技术、新市场带来的诸多新变化,从而更好地促进经济更好、更健康地运行和发展。

2.1.2　新经济环境的特征

新经济是以互联网、新材料、新能源、生物技术等为代表和基础而崛起的经济发展模式,正与技术革命相呼应并共同推动重塑全球经济新形态,而新经济背景下的现代通信业、能源业以及其他配套设施就是其基础,智能制造是其引擎动力,正在以前所未有的动力推倒与重组新经济领域产业的空间布局与组织、生产方式与结构。它不但正在重构全球技术和市场因素配置、重塑全球分工空间,也正在催生一场革命。新经济环境具有如下鲜明而深远的特征。

2.1.2.1　产品制造智能化

信息化在智能制造中的体现是多方面的,如电脑三维设计、测控开发技术运用的日渐广泛使产品设计水平日益精准化;轻、薄、强韧型新材料不断替代传统型材料,使产品制造水平发生质的飞跃;各类机器人化智能装备生产应用,不仅使生产效率提高,还使产品制造实现高度的自动化、智能化;智能化装备产品中互联网技术的广泛运用也使制造创新缩短产品生命周期,大幅降低制造成本,产品制造速度和制造效果大大提高,这一切都使新经济产品制造达到越来越高的自动化、智能化水准,传统制造业受制于"智能化生产"新经济的发展迎来了空前竞争力挑战。

2.1.2.2　生产方式定制化

3D 打印制作成本会随技术的不断进步而逐渐降低,进而可以使大规模定制生产成为现实,由此也就标志着小型化、个性化制造时代的来临,而大规模生产的作用将会逐渐降低。这样,企业就会更贴近市场、贴近消费者,以柔性生产的方式来满足消费者提出的各种个性化要求。此外,这种生产将会从固有生产模式逐步转为可变换生产模式,即以重配和反复使用制造子系统等措施实现整个制造系统快速组装调试的柔性生产方式,这种柔性制造具备一定的包容性、适应性,可以应对大规模定制生产的快速变换需求,为消费者提供更多符合自身要求的个性化和多样化产品选择。

2.1.2.3 产业边界模糊化

依托网络技术的发展,越来越多的企业将生产与服务结合在一起,形成了服务化的制造趋势。第一,互联网的发展推动了数字技术及网络服务模式的创新,促使实体制造业实现数字化生产。通过在线方式,企业可以随时随地获得生产所需要的各种协作服务,那么,企业的生产效率提升速度会变得更快,生产成本也会大幅下降。第二,互联网能够让最新产品以最快的速度销售到世界的各个角落,制造业和服务业之间的界线越来越淡化,且相互之间的联系与融合越发紧密。原有的经济形式中,分得非常清楚的产业间边界正在被打破,这不仅增加了产业间融合发展的空间,也能使企业创造出更多的优势。

2.1.2.4 要素支撑知识化

在互联网时代,创新是引领发展的第一动力。首先,企业只有攻克关键核心技术才能占据产业的战略制高点,在竞争中掌握主动权。其次,网络时代的创新容易模仿和传播、形式多样化等特点,造成知识产品侵犯行为越来越多,知识产权保护的力度要求越来越高,在新一轮产业和技术创新革命中,创造和保护知识产权是推动技术创新、产业健康发展的关键一招。企业要加强知识产权保护,建立知识产权管理制度,使企业在激烈的市场竞争中立于不败之地。

总之,新经济有自身的优势与特色,深刻影响全球经济发展与走向。对于这样的新经济发展,企业须顺势而为、自我适应,以新的模式创新、以智能变革,携手同行,迎接新的挑战与发展机遇。

2.2　新经济环境下的区域经济格局

2.2.1　区域经济的相关理论

2.2.1.1　区域的概念

新经济环境下,区域经济的发展越发呈现出多样性特征。为了认识区域经济的发展变化,首先有必要对"区域"这一概念在不同学科中存在内涵不一的问题进行梳理,因为这决定了我们对区域经济的认识、研究以及预判。

地理上的区域是指从自然地理方面对地球表层空间单位的划分,这种划分具有重叠性和全覆盖性,即同一个地方可以同时位于多个地理区域之中,同时地球上的任一地方都可以被划归到一定的地理区域之中。

政治学意义上的区域则是以国家治理需要为标准对地理区域进行的行政划分,其地域边界清晰、具备层级结构。政治学意义上的区域是国家公共权力运转、政策制定和执行的行政单位。

社会学意义上的区域是指具有共同的语系、宗教、民族特征的人群相对集中的一种分布地域,其中人群有较强的认同感和归属感是社会学意义上的区域的内涵特征。

而经济学中关于区域的概念则更为复杂和多元。尽管没有统一的定义,但以下几种说法具有代表性。

①有些经济学家认为,区域是由人类经济活动形成的,包含特定地域元素的不可无限细分的经济与社会的综合体。这种观点强调了经济活动在区域形成中的核心作用,以及区域作为经济社会综合体的特性。

②区域经济学上的区域定义更宽泛和细致,包含地理区域和政治区域的特征,又融入了人口、经济、资源、环境、公共设施、行政管理等多种因素。这种区域是一个居民高度认同、地域完整、功能明确、内聚力强大

的经济地域单元。它既是经济活动的载体,也是政策制定和实施的重要对象。

2.2.1.2　区域的内涵

论及区域时,应该清楚区域包含的基本要素,这些基本要素都是区域概念的基本构成,为我们揭示区域经济现象奠定了良好的基础。

第一,区域作为一个空间概念,体现了有限的空间范围。纵观古今社会变迁,不管是何种经济发展阶段的物质经济,还是如今的信息经济,都有一个特定的区域进行坐标的转化,落地才是经济。从这个意义来看,区域经济学不同于其他经济学的特色研究,是具有区域空间的经济活动,即使落地区不同,这些经济活动也都是建立在区域基础上的。

第二,区域必须隶属于某一主权国家的疆域之内。地区是一个空间的概念,但是与一个主权国家的控制密切相关。一般来说,地区是一个主权国家的控制空间。一个主权国家对这个地区进行政治、经济上的控制。为了促进这个地区的经济发展,政府不仅会提供必需的公共服务,还会通过一系列的经济政策对该地区的经济行为进行引导和调控。因此,地区有控制权,那么不同地区之间政策会有差异,该地区内的所有区域都在这个政策之下,政策的一致性也是不同地区的一个主要特征。

第三,区域在经济上应尽可能构成一个完整的地区。独立的经济区域应该拥有自给和发展的能力,是一个具有自给自足经济体系的有机整体,并且能够独立而自由地与其他区域完成经济往来。这一体系的完整性要求一个区域必须有三次产业组成的有机循环的经济体系以及一个作为经济体系核心可以组织与协调区域经济活动的中心城市,即带动区域经济发展的城市经济中心。

第四,某个地区在全国或更高层次的区域体系中发挥特定的专业分工作用。分工和专业化以不同区位资源优势和经济社会发展水平差异为基础,是区别于内部产业结构和经济空间格局的重要标志,它是区际分工格局的分工和专业化,构成不同区位间的经济联系。这种分工和专业化又表现在区内的分工同质和区际的分工异质上。各区域分工合作,构建出一个国家区域经济体,承担特定区域分工专业化,共同完成国家经济运行机制。

2.2.1.3 区域经济的基本内涵

区域是具有地理空间范围的概念,区域的内涵既有宏观的一面,也有微观的一面。宏观层面的区域,指的是在广泛地域范围内,甚至跨国划定的地区范围内;微观层面的区域,指的是一个县、乡、村,或是一个工业区或开发区等。学者从不同的学科对区域特征进行论述,地理学认为区域是地球表面地域单元,行政学认为区域是一个国家的行政区划,这些不同角度都为我们提供了对区域的多重理解。学者指出,区域特征包括地域性、内在的整一性、区域界线的客观存在性与模糊性、综合体、开放性的特征,这些特征都是区域概念的丰富内涵。

所谓区域经济,即一定区域内所发生的各类经济活动,主要体现的是产业的空间结构性和合理性理念。区域经济作为一种经济现象,其产生与发展依赖自然条件的差异性、经济不可分性、空间距离不可跨越性等客观条件,这些客观条件作用下的区域经济必然体现出固有的运行规律及空间布局形态特征。

谈论地区经济就必须提到经济地区与行政地区这两个不同的地区类型概念,两者本来具有一些相同性,但更多的时候会呈现出矛盾性。行政地区是由国家为了分级管理而对地区进行划分的结果,行政地区具有一定的行政管辖区域、行政区域等级、行政区域中心等内涵,是政治性、经济性、社会性相交融的共同体。相对于经济地区而言,行政地区更多代表了国家的行政意志及行政权力的划分。

但经济地区作为区域经济的空间载体也不可忽视。成熟的经济地区应具备三个要素:一是经济中心;二是经济腹地;三是经济网络。经济中心一般指的是一个区域的中心城市,它不仅仅是物理意义的核心,更是一个兼具层次性、选择性和等级化的经济活动集聚区。经济腹地是经济区域存在和发挥作用的根,是具有内在关联性的经济活动,向其共同的经济中心聚拢。经济网络是连接经济中心与其腹地的纽带,它既可以是具象的交通网、信息网等,也可以是抽象的市场关联、技术合作等。经济中心可以通过经济网络对周围经济腹地产生辐射作用,带动区域经济发展,而经济腹地对经济中心具有聚集作用,可以源源不断地为经济中心提供资源与动力。

区域经济发展是复杂且动态发展的过程,受众多影响因素与限制条件的作用,其中能量辐射与能量聚集是经济促进区域增长的关键动力。经济中心能产生发展带动能力,经济腹地能提供资源优势和市场潜力,它们之间存在一种相互促进与调节的动态平衡和持续的发展模式。

2.2.1.4　经济区域

经济区域由经济中心、经济腹地、经济网络这三大基本要素共同构成,三者缺一不可,共同促进了经济区的发展。

(1)经济中心:区域经济的动力源泉

经济中心是指经济活动的聚集之地和辐射中心,一个地区经济中心的形成标志着该地区由自然性或行政性转化为经济性的本质变化,也是市场经济下作为经济中心的城市的直接表现。同时,经济中心是分布有层级序列的错落状格局,依经济区位的吸引力大小和辐射力强弱分布,集中地反映在某一地区成为区域经济的"中心"。

(2)经济腹地:区域经济的基础支撑

经济腹地作为经济区域的大本营,是经济中心能够存在和发展的重要土壤。经济中心的影响力若没有经济腹地的哺育和承载便无从展现,区域经济没有经济腹地便无源而生、无本而灭。经济腹地与经济中心具有互为相长、相生相克、相互联系、相互依存的内在联系,经济腹地既是经济中心不可或缺的资源与市场来源,又在自身内部的经济活动与经济中心之间建立起了紧密的经济关系与互动关系,二者共同促进了区域经济的发展。

(3)经济网络:区域经济的血脉与纽带

经济网络是经济中心向经济腹地辐射的纽带和通道,经济网络涵盖的内容是多层次和多维度的,既包括交通运输网络、邮电通信网络等空间上的相互联系,又包括经济联系、技术交流、信息共享等意义上的相互联系。经济网络是联系经济中心与经济腹地的一张经济网,经济腹地与经济中心通过这张经济网把经济活动进一步运筹于"谋势"的更大空间,经济腹地通过这张经济网融入区域经济大环境中,共享经济发展的红利。

2.2.1.5 经济活动的组织与结构

经济活动的组织与结构是区域经济高效运行与持续发展的基石。生产、分配、交换和消费等环节构成了推动区域经济发展的"四大核心",犹如区域经济发展整体机体内的多个组织器官,这些器官必须有序协调、密切配合,才能推动区域经济平稳运行、健康发展。

规范合理的经济活动组织结构,能使经济活动达到提高生产效率、降低成本、增加产出,使区域经济快速发展,使各产业链上下游结合和开展合作,更好实现资源共享化、优势互补化和联动发展化。通过开展经济活动组织结构一体化,发展具有区域特色的产业集群和产业链体系,能增强区域经济的抗风险能力以及可持续发展能力。

2.2.1.6 区域经济的特征

区域经济大致是指特定区域内的经济活动总和以及区域内部各经济主体之间的关系。如果我们把一个国家的国民经济想象成一幅宏大的经济画卷,那么区域经济就是画卷中丰富多彩的局部画面,它是国民经济这个整体无限分解后的一部分。我们可以把一个国家按照地理范围分割开的经济单元和经济活动方式看作区域经济的鲜活写照。区域经济作为经济的一种形式具有以下特点。

（1）中观性特质

所谓区域经济,顾名思义,即处于宏观与微观之间的"中间位置",既不像宏观经济(国民经济这个庞然大物),也不像微观经济(比如某个企业的经济活动),它是一种介于两者之间的中间组织形态。其拥有介于两者之间的中观意义上的经济系统形态,由此决定了其特殊的运行机制与特征。

（2）鲜明的区域性

不管是农业的耕作,还是工业的喧嚣,或者是服务的兴盛,任何一个国家的经济活动都必须在其特定的空间区域规划、运行和发展,这就要求我们充分地认识到其自然环境、地理位置和社会条件对经济发展的巨大作用。由于不同的区域在自然环境、资源禀赋、历史文化等方面不同,在各个区域内形成的经济呈现鲜明的区域性特点。这种区域性是构成区域经济的最基本、最突出的一个特点,也是区别于其他经济形式的重要特征。

（3）差异性显著

不同的地区经济发展条件,如区位条件、资源禀赋条件、社会经济基础条件等差异都是客观存在的,并且从某种程度来讲既是优势,也是劣势。正是由于这种差异的存在,不同地区的经济发展自然不平衡,但也正是差异的存在,为不同地区经济的多样性发展提供了舞台。

（4）高度的开放性

相较于国家经济,在同一国家内部的区域经济中的诸多要素如社会制度、经济体制、经济的运行规则、货币制度等具有高度一致性,这样就为区域经济发展在消除区域间关税壁垒、限制产品进口、限制移民政策等方面创造了有利条件,这使在区域范围内将区域内各种经济资源充分利用起来,加强了与该区域各个经济体之间的经济活动交流,使得区域经济整体更加开放,并加快了区域内生产要素的合理流动和优化配置,从而扩大和促进区域经济的发展,实现区域内经济的互补发展。

（5）相对的独立性

首先,区域经济作为一个相对独立的、内部相互联系的有机整体,其经济活动具有一定的自我组织和自我调节功能,尽管必须按国家整体经济发展战略大目标去制定各自的经济发展战略,但也可以最大限度地发挥自己的区域优势和特色,规避不利因素的影响,积极助推本地区社会经济的发展和提高民众生活水平,这是区域经济所具有的相对独立性。这种相对独立性不仅大大增强了区域经济的生机与活力、提高了竞争力,也为实现国家整体经济繁荣、可持续发展打下了良好的基础。

2.2.2　区域经济发展的进程

2.2.2.1　区域经济发展的一般进程

纵观世界范围内区域经济发展的历史,不管是持久而平滑的增长曲线还是严重的非均衡、不平衡状态,经济增长都是波动、起伏的过程,是均衡与不均衡交叉的不断循环往复状态。经济区域自身的经济发展态势会以周期性、循环反复的方式最终纳入宏观经济增长的整体格局。

（1）发达地区与落后地区的初步分化

城市化和区域化初期,区域经济发展的增长点、增长极在大城市或大中小城市所依托的资源丰富之处、交通便利之处或者政治文化中心所在的富饶之地,这些区域中心因强大的带动辐射作用成为国家或地区的经济、政治、文化中心地带和区域的繁荣地带。而正是其"中心化""中心地带化"的过程,使得区域发展的不平衡性加重,即发达与发达之间的差别、发达与欠发达之间的差距逐渐凸显,形成了一定的分化现象。

（2）大城市或发达地区的深度开发

随着区域经济发展战略的深入实施,大城市或发达地区成为发展的重点对象,致力于构建具有强大经济实力和广泛影响力的增长极。这一阶段的努力,旨在依靠该中心或区域综合实力提高周边相关地区的经济,使得区域总体实现协同、联动式发展的大经济带。但在此过程中,由于中心城区的建设、发展的密度程度较高,城市人口激增、产业密集、交通拥堵严重等"城市病"现象不容忽视,城市需要从城市空间规划调整优化、产业调整优化、新兴产业壮大、增加城市扩散功能等多方面入手,增强城市的扩散作用,实现城市的可持续性发展。

（3）落后地区的全面开发与均衡发展

落后地区与发达地区经济差距拉大,区域经济发展不平衡现象凸显,区域经济发展出现明显的"双经济体"。在该阶段必须既要维持发达地区稳定发展,又要加速落后地区的发展,实现区域经济均衡发展。该阶段的主要任务是维持发达地区发展的同时,借助政策倾斜、资金转移、技术引导等发展策略和措施,加速落后地区的经济发展,逐步缩小落后地区与发达地区的差距。

2.2.2.2　区域经济发展的基本阶段

一个地方经济的发展如同生命的孕育需要经历很长的一段时间,通过对不同地区经济发展轨迹的仔细考察、分析,可以比较容易地发现,一个地区的经济发展水平与其工业化、城市化的发育程度是高度一致的,不同阶段的经济发展同城市、工业的发展一样,经历初级阶段、发展期和优化升级三个主要阶段。

区域经济发展初级阶段,该区域基本上还在自然经济或工业化初期阶段。该阶段经济水平处在较低水平,区域经济中心和多中心经济体系尚未形成,基础设施建设滞后,产业聚集和人口聚集能力受到限制,这种状态下区域经济中心主要还是在行政力量推动下的分散进行,难以实现不同行政区域边界之间的经济联合。这在中国的西部地区表现比较突出,例如贵州的黔东南地区和铜仁市,湖南省的湘西地区等,都是以行政区划的行政单位区域经济发展为表现特征。

工业化阶段,当区域进入工业化中期或经济起飞期,区域产业和人口加快集聚,区域内城市人口快速增加,相应的区域经济中心、若干次级中心兴起,并形成了比较成熟的区域经济网络。该网络以该区域内的经济中心为核心,若干次级中心为支点,对周边区域产生辐射带动作用。经济中心扩大,带来经济腹地扩大以及行政区划边界跨越。区域经济整合发展也随之提速。例如,成渝经济区、长株潭城市群和贵州的贵阳城市经济圈等经济较发达的经济圈的形成,已经出现了打破行政区划、加速区域经济发展的势头。

当区域迈入工业化后期,经济高度发达,产业集聚到新高度,经济发展进入多个经济中心不断扩容的同时,区域间的竞争也会加剧。为增加区域经济竞争的优势,必须进行经济结构调整,促进经济资源重组,优化经济空间,协调区域分工,增进区域发展水平,因此该阶段区域发展主要以优化提升为主要目的,通过统筹协调实现区域经济一体化发展。目前在我国,珠江三角洲、长江三角洲、京津冀等地区都是通过这种模式不断提升区域整体经济实力和竞争力,成为区域发展的领头羊,推动全国经济发展。

2.2.3　新经济环境下区域经济格局的重塑

新兴经济时代的发展影响了我国的经济增长方式的发展与变革,不同的地区受到全球化、网络化、技术创新带来的影响,再加上用户群体不断增多,对企业的资源环境造成冲击等。

2.2.3.1　新经济环境的特征及其对区域经济的影响

新经济时代主要以全球化、信息化和智能化为特征,这些特征对区域经济的影响较以往更加深刻。全球化促使资本、技术、人才等生产要素由一个国家向另一个国家流动,提高了区域经济开放程度的同时,区域市场竞争形势愈加严峻；信息化、智能化促生新产业，如数字经济产业、人工智能产业、生物医疗产业等，新兴产业正在为区域经济带来改变。

2.2.3.2 区域经济格局的重塑动力

（1）技术创新与产业升级

从新经济的环境来看，技术革新作为区域经济发展的关键动力，通过技术引进及技术革新的方式带动传统产业的改造升级，并在此基础上发展出新兴的产业，从而带动新的经济增长极的形成，实现区域经济增长型格局的调整。

（2）市场需求变化

在大众消费日趋多样化、个性化发展的当下，区域经济必须朝关注市场需求、优化产业结构、满足市场需求的方向调整，这一做法可以提高区域经济竞争力，推动区域经济差异化发展。

（3）资源环境约束

在新经济条件下资源环境承载的约束力度不断增强，促使区域经济更加趋向于可持续发展，通过发展绿色经济、循环经济等新型经济形式，进行资源要素的合理配置，提升资源配置效率，能够减弱对生态环境的破坏，实现区域经济的可持续发展。

（4）政策引导与支持

政府可以发挥区位重塑的基础性调节作用。政府可以制定适应区域经济发展的区域经济政策，引导生产要素流向优势产业和区域集聚，促进区域经济协调发展。同时，政府还可以通过在财政、税收、金融等方面的扶持，打造支持区域经济发展的外部环境。

2.2.3.3 区域经济格局重塑的表现

（1）区域经济一体化进程加速

新经济环境下区域经济一体化进程加快，通过加强区域间的经济合作与交流，打破省界区划壁垒，使区域内外经济要素，尤其是各种资源、技术、人才等生产要素都能够自由流动和合理优化配置，从而带动和完成区域经济结构调整和升级。

（2）新兴产业集群的形成与发展

新经济环境下,像数字经济、人工智能、生物技术等新产业、新业态,往往具有较强的创新性、高成长性,能够形成新的产业群,成为支撑区域经济增长的新动能。

（3）传统产业的转型升级

传统产业在新经济形势下面临的挑战和发展机遇皆不可小视。在传统产业中植入新技术、新模式进行革新及转型升级,增强传统产业的竞争力和附加值,促进区域经济的可持续发展。

（4）区域经济的差异化发展

进入新的经济发展时期,各地的资源条件、经济实力、文化等存在差异,这样的差异化特点会形成不一样的区域经济差异,各地在差异化发展中,既能增强区域经济发展优势,又能提高区域经济协调发展的质量。

新经济环境下区域经济布局调整是一个复杂、长期的过程。在这个过程中,需要发挥创新、需求结构变化、资源与环境约束和政策引导、政策扶持等多元动力,促进区域经济一体化、新兴产业集群形成和发展、传统产业转型升级以及区域差异化发展。未来区域经济布局调整将随着新经济环境的变化而不断发展分化,所以,还需密切关注新经济环境的发展变化及变化趋势,不断调整区域经济布局战略和区域经济相关政策。

2.3　新经济环境对金融系统的影响

2.3.1　当前经济形势分析

第一,世界经济增速显著降低。2008 年以前的 3.5% 的世界经济年均增速将降到 2025 年的 2.7% 左右,疫情引发的永久性产出缺口将继续加剧现实经济增速的下滑态势,并难以回到以往的增长轨道;低经济增速将倒逼银行重视创新驱动,平衡传统业务发展带来的利润"天花板"。

第二，全球贸易与 GDP 之比在 2008 年以后趋于稳定，地缘政治动荡促使产业链区域布局重新整合。中国电子产品出口所占比例的下滑以及东盟作为出口目的地的变化，不仅会改变全球贸易格局，同样会相应改变金融市场对跨境资本流动以及风险管理的需求。

第三，当前世界经济主要国家政府负债总体比例不断上升，到 2028 年负债会超过 GDP 的 100%，更重要的是世界上主要央行的资产负债表也已经高度膨胀，利率长期处于 3% ~ 5% 的水平，也就是"高利率 + 高负债"让金融系统维持在一个极其脆弱的平衡上。中国实施"适度宽松的货币政策 + 积极的财政政策"的积极互动、结构性的工具配置解决实际需求不足。

第四，伴随人工智能、区块链等技术的快速发展，金融业已发生重构。虽然这些技术优势并未完全凸显，但潜力巨大。国家金融监管总局"五篇大文章"战略就是要把科技金融、数字金融、普惠金融相结合来提升金融服务效率和业态创新。

2.3.2　新经济环境对金融系统的直接影响

在新经济环境的大背景下，金融系统正经历一系列复杂而深刻的变化。这些变化不仅体现在流动性管理的复杂性加剧上，还表现在风险传导路径多元化、资本市场功能再定位，以及汇率与跨境资本波动等多个方面。

2.3.2.1　流动性管理的复杂性加剧

为应对经济的下行风险，2024 年年初央行连续两次降准，通过创设结构性工具实现引导资金流向实体企业，但企业新增融资额达到 16.2 万亿元的同时，企业存款却减少了 0.4 万亿元，资金并未及时进入实体企业，而是淤积在金融体系内部。与此同时，居民存款流进非银机构导致债市收益率下降、股市活跃，不过实体资金需求并未得到改善，致使潜在泡沫风险上升。

2.3.2.2　风险传导路径多元化

中小金融机构的风险已经成为系统性隐患,监管层对此高度重视,明确 2025 年度重点解决中小金融机构风险积聚的问题,通过对中小金融机构进行治理,业务重组化解风险,连续两年把中小机构改革摆在首位,村镇银行的兼并重组案例也越来越多;同时也有传导房地产行业的风险。房地产企业虽"白名单"项目贷款达 5 万亿元之多,但房企债务和地方财政的关联性尚存,须防止信用风险跨市场传染的可能。

2.3.2.3　资本市场功能再定位

资本市场在新经济条件下的功能定位重新锚定,并购重组成为优化配置的核心模式,依托"双创"板块、依托产业链的并购整合,是资本市场服务供给侧结构性改革的基本形式。依托并购重组,具有科技属性的资产向资本市场高度集中,发挥资本推动科技创新与产业升级的作用。保险、理财资金入市政策的放开也进一步增加长期资本的比例,但权益类产品的收益率变动还要在制度性层面稳定市场预期。

2.3.2.4　汇率与跨境资本波动

汇率和跨境资本波动亦是金融风险的新经济压力来源之一,美联储政策变化和地缘政治带来的扰动使得人民币的汇率弹性进一步扩大,2024 年人民币兑美元贬值 2.84%,兑欧元、日元升值。汇率变化影响企业结汇意愿,导致外汇市场逆差。因此,银行机构应着力增强汇率风险化解工具创新。

2.3.3　金融系统的结构性调整与创新应对

2.3.3.1　监管框架的重构

监管领域针对金融市场的新发展,变革速度不断加快。通过立法与修法工作,对《中华人民共和国商业银行法》《中华人民共和国保险法》

等进行修订,不断弥补传统的监管短板。尤其是对互联网金融、绿色金融等创新领域加以规范,确保金融发展和金融风险防控同步推进。

与此同时,功能监管的理念得到了进一步强化。中央级机构与地方监管部门的协同监管力度逐步加强、协作更加密切,针对中小银行机构、互联网金融等领域实施穿透式的监管,打击了规避监管的套利活动,营造了公平的市场竞争环境。

2.3.3.2 服务实体经济的路径优化

除大力推动实体经济发展外,金融业也努力探索金融业支撑实体经济高质量发展的更优路径与方案,金融支持科技创新的力度持续加大、范围持续扩大,政策对于科技创新的支持力度进一步加大,引导资本对处于早期阶段、体量相对较小以及硬科技企业投入的资金力度增强;科技板、创业板并购重组日趋活跃,很好地发挥了促进资源配置优化与产学研深度融合、快速推动科技成果产业化的作用。

一是金融普惠化,精准化水平进一步增强。小微企业综合融资协调推进机制中的融资资源辐射了1200多万小微企业,信贷更多投向县域经济和乡村振兴,帮助解决这部分地区的融资困难。二是金融机构通过采用大数据风控方式降低金融服务成本,普惠金融可持续性、可及性更高。

2.3.3.3 金融机构的数字化转型

随着互联网时代对银行业的渗透和影响,银行业金融机构与时俱进积极助推自身数字化转型。业务模式创新应用区块链技术在供应链金融领域实现信息透明、智能化交易;智慧投顾不只对于长尾客户,更贴切地服务每个消费者的需求。2025年,公募基金的线上销售发行金额占比超过30%,是银行业发展数字化的标志。

金融机构在风险防控方面也实现了一定突破,借助人工智能预警的应用以及大数据分析工具的应用,精准实现对违法违规交易活动的监督与风险提示,精准地对信贷客户进行评价,降低了信贷违约概率。

2.3.3.4 长期资金与耐心资本培育

金融机构长期资金和耐心资本的建立对实现经济可持续发展有积极的作用。在养老金金融方面,个人养老金业务即将全面实施,商业养老金融产品逐步增加,第三支柱养老金融体系规模可能在 2025 年超过 2 万亿元,这将为养老保障提供更加有力的支持。

ESG 投资被纳入了顶层设计范畴,绿色债券发行越来越快,碳金融衍生品试点如火如荼。这些金融创新既为低碳和环保产业投来"金融春雨",又推动了金融与可持续发展进一步深度结合,为"碳达峰""碳中和"提供了金融解决方案。

2.3.4 未来挑战与政策建议

2.3.4.1 平衡金融科技的创新与风险管理

金融科技发展加码之下,摆在面前的一大难题是提升金融服务有效性的同时确保金融稳定。实现这一权衡的有效途径就是研究建立"监管沙盒"制度,让科技金融创新有"试验场所"可用,研究和防范数据隐私和算法道德的标准和规范,更好地兼顾享受金融科技带来的"福利"而个人隐私安全和伦理不被侵犯。

2.3.4.2 优化货币政策的传导机制

目前企业融资与存款的错配逐渐加大,资金在金融体系内循环、空转。需要加大货币政策传导力度,继续推行减税降费,促进企业投资需求;通过加强产业链金融发展整合产业链上、中、下游资源,为上下游企业寻求低成本、高效率的融资服务,促进更多资金流向实体经济。

2.3.4.3 深化资本市场的全面改革

以资本市场为主的金融业改革和发展能够为提升定价效率带来较大改善,而吸引长线资金入市更是关键步骤。全面推行注册制,持续推进退市制度改革,推进资本市场发展进一步市场化、法治化,积极引入社保、年金等长线资金入市,能够助力提高市场自身稳定性与抗风险水平,提升资本市场竞争力。

2.3.4.4 应对全球化逆流

在全球化遭遇逆流的背景下,如何拓展跨境金融合作、对冲地缘政治风险,成为我们需要面对的另一大难题。解决这个问题,一方面可以利用 RCEP(《区域全面经济伙伴关系协定》)与"一带一路"等全球性的平台,加强与他国在金融领域的相互沟通与交流合作。另一方面可以构建离岸人民币市场,提高人民币国际地位,提升我国金融系统的抗风险能力。

第3章 区域金融风险管理的理论基础

本章对区域金融风险管理理论进行系统阐述,为后续章节提供理论支持。首先阐明区域金融的运行情况,介绍现阶段金融运行中存在的金融风险及其特征,阐述金融风险产生的影响机理,特别是对于区域经济社会稳定的影响;然后对金融风险管理的相关概念进行界定,包括金融危机、系统性金融风险、区域性金融风险、区域金融差异;最后对金融风险理论、金融脆弱性理论、金融风险传导理论、金融风险识别、防控及区域金融稳健发展理论进行归纳,构建区域金融风险管理的理论基础,指导金融风险的识别、评价、监测及处置。

3.1 区域金融风险概述

3.1.1 区域金融运行现状

3.1.1.1 区域金融运行总体保持平稳态势

在《中国金融稳定报告(2024)》的深入剖析下,我们得以窥见中国区域金融运行的稳健态势。面对全球经济复苏分化、外部环境不确定性增加的复杂局面,中国金融市场在宏观经济持续恢复向好的背景下,展现出了较强的韧性和潜力。

(1)宏观经济背景与区域金融概况

2023年,国内生产总值(GDP)达到126.06万亿元,同比增长5.2%,在国际货币基金组织(IMF)的预期及主要经济体中,中国增长率处于领先地位,中国经济展现出了极强的发展生机与后劲。东部、中部、西部和东北地区生产总值分别增长5.4%、4.9%、5.5%和4.8%。与此同时,各地区金融业稳中有进,运行基本平稳,并具有如下特征。

第一,金融业规模增长,金融业的服务水平和质量上升。2023年,我国数字经济核心产业增加值达到127555亿元,占国内生产总值的9.9%,显示出数字经济对金融业的强大驱动力。其中,数字技术应用行业增加值为55636亿元,占数字经济核心产业的43.6%;数字产品制造行业增加值为43135亿元,占比为33.8%;数字要素驱动行业增加值为24747亿元,占比为19.4%;数字产品服务行业增加值为4037亿元,占比为3.2%。这些增加值的急剧上升,既展现了数字经济对于金融业强有力的支撑作用,又体现出金融业服务质量和产业规模的提升。

第二,金融领域改革创新不断深入,金融市场制度更加健全。在绿色金融领域,政策框架日益完善,例如发布了《关于进一步强化金融支持绿色低碳发展的指导意见》以及改进了绿色信贷统计制度,这些措施促进了金融机构朝绿色方向转型。截至2023年年底,绿色贷款余额已达30.1万亿元,是2020年年底的2.5倍,同比增长36.5%,比所有贷款增速高出26.4%。同时,绿色债券市场迅速扩展,累计发行规模超过3.4万亿元,存量债券余额超过1.9万亿元,为绿色金融的推进提供了强大的支持。

第三,在应对金融风险方面工作取得成效,金融生态环境继续改善。在跨境资本流动方面,2023年,我国经营账户顺差2530亿美元,与同期GDP的比值为1.4%,保持在合理均衡区间,资本和金融账户逆差2151亿美元,非储备性质金融账户逆差2099亿美元,储备资产增加48亿美元。以上数据表明,我国金融市场实现了有限的开放和有效防范跨境资本流动所伴随的风险,同时通过建立风险预警和应急处置预案等多种方式遏制区域金融风险,金融生态环境得到了改善。

综上所述,2023年我国金融业在规模扩张、服务提升、改革创新、风险管控等方面均取得了显著成效。尤其是在数字经济、绿色金融以及跨境资本流动等领域迅速进步,为金融行业带来了新的动力,推动了金融市场的健康与稳定发展。展望未来,随着金融科技的持续进步和全球经济环境的持续变化,我国的金融行业仍须持续加强风险管理,优化资源配置,支持政策的制定,以促进金融稳定和经济高质量发展。

（2）东部地区：引领作用显著

东部地区是我国经济发展的引擎,我国金融运行对全国大局至关重要。2023 年,经济引擎依旧动力强劲,东部经济总量继续位居前列,新兴动能投资加速增长,现代产业体系建立取得关键进展,金融运行稳字当头,服务质效更进一步,金融改革创新收获新成绩。

从金融市场的角度来看,东部地区的货币市场交易规模不断扩大、外汇市场交易量呈现稳定增长态势、债券市场和股票市场活跃。东部的金融机构类型较为完整,金融机构数量也较大,能够为实体经济发展提供大量金融支持。

在风险防御能力上,东部地区的金融风险意识浓厚,其风险控制体系也较为健全,能够有效地抵御来自外部的风险挑战。

在新经济环境下,东部地区在金融领域的表现尤为突出,具体体现在以下几个方面。

①数字金融创新。东部的数字金融创新走在全国前列,也取得了金融服务实体经济的成效,诸如广州建设了“10+5”个数字金融创新示范案例,囊括跨境金融、供应链金融、普惠金融、绿色金融等内容,涉及大数据技术、人工智能技术、隐私计算技术、区块链等技术与金融场景的数字融合,不但大大提升了金融服务水平与质量,而且也通过数字鸿沟的弥合大大满足了广大实业与民生服务需求。

再如,太平洋财险广州分公司基于空间、地理和智能算法,开发“太保 e 农险”工程,通过空间数据信息对农险数据进行实时监测预警,提升了农险的及时性和灵活性。

②绿色金融发展。东部地区绿色发展水平高,绿色金融发展水平和效率在全国排名靠前。2010—2021 年,东部地区绿色金融发展水平综合指数同比增长最快,达到了 43.43%,远超全国水平。东部地区依托金融市场发达、金融资源充足、政策支持等多个要素的导向作用,促使东部绿色金融得到了较快的发展,如广东、浙江等地区作为先行先试的绿色金融试验区,有效地促进了绿色债券、绿色信贷等产品的大量使用。

另外,在各地区绿色金融发展效率中,东部地区发展效率较高。绿色保险、绿色信贷对东部地区的绿色金融发展效率有显著影响,而教育、科技投入对绿色金融的发展也有一定的推动作用,如北京、上海等地区在绿色金融政策的指导下,绿色金融发展从较高水平提升到高水平等级,成为全国绿色金融发展的典型代表。

③全球化进程中的金融风险管理与监管。我国东部地区是全球化发展早、金融风险管理及监管积累较多、政策创新及协同防控跨境金融风险走在前列的地区。例如，广东地区通过跨境金融创新，使跨境人民币结算及外汇便利化在广东落到实处，实现了跨境金融交易的便利性和安全性。

此外，东部金融监管部门还通过建立风险监管和跨地区监管机制有效防范了区域系统金融风险。例如，广东省广州市建立"广州金融风险防控和预警机制"，利用大数据技术及人工智能，对金融风险进行动态分析、量化处理和精准管理。东部还发挥政府宏观引导和市场机制力量，督促金融机构自身重视内部风险管控、增强服务实体经济意识。

（3）中部地区：稳中提质，支持实体经济有力发展

中部地区经济稳中有进，重点项目投资推动作用明显，外贸新动能提速快升，产业能级跃升，受金融支持的中部地区先进制造、绿色低碳等新兴产业发展态势较好，为区域经济持续注入活力。

中部地区金融产业积极助力经济产业的发展，普惠金融与绿色金融发展迅猛，通过创新金融产品、改进金融模式，解决企业发展不同环节、不同程度的融资难题。同时，中部地区的金融生态逐渐得到改善，金融设施不断完善，保证了金融业长期健康的发展。

新经济环境下，中部地区在金融领域的表现尤为亮眼，具体体现在以下几个方面。

①数字金融创新。这几年，中部地区数字金融发展成效明显，增速在全国各省中名列前茅。《中国县域数字普惠金融指数报告2022》显示，中部地区县域数字普惠金融发展水平正在赶超东部地区，差距正在不断缩小。以河南兰考县为例，作为全国第一个国家级普惠金融改革试点地区，结合众多政务数据，上线了"红薯贷""蜜瓜贷""畜牧惠民贷"等多类"小微金融"，切实惠及地方的农民和小微企业。

网商银行等金融科技公司结合政府一起解决农村金融机构"数据孤岛"难题，促进数字普惠金融。例如，网商银行的"大山雀"卫星遥感信贷技术在中部地区的广泛应用，为种植农户提供了信贷支持。这些做法均有利于中部地区农村经济的发展，并且提升了金融服务可获得性，规避了金融风险。

②绿色金融发展。中部地区绿色金融也迅速发展，成为支撑区域经济绿色发展的利器。湖北拥有良好的生态资源，当地以绿色资源为依

托,打造了"绿色资源—绿色资产—绿色金融"的循环链。湖北凭借国家实施的全国碳排放权注册登记结算中心落户的契机,推出了碳排放权质押贷款、碳汇林业贷、碳资产托管等绿色金融产品和绿色金融服务,能够促进生态资源的绿色化。

同时,江西省赣江新区作为中部唯一省份的国家级绿色金融改革创新试验区,积极探索生态产品价值实现机制、推动绿色金融与绿色经济有效融合的先行实践,如赣江新区创新绿色金融工具,助力绿色产业项目,支持产业转型发展等,体现出中部地区绿色金融创新实践为全国各地绿色金融改革所贡献的宝贵经验。

③全球化进程中的金融风险管理与监管。随着世界经济一体化加深,中部地区金融市场开放程度不断提高,金融风险管理和监管的作用日益显著,中部地区通过加强金融监管政策的完善和落实,防范了金融风险。例如,湖北等通过加强金融监管政策完善和落实,完善地方金融监管体系,强化对金融机构监管,确保金融市场稳定。

中部地区创新外资金融机构,推进金融市场的国际化进程。比如,湖北等通过引进外资银行、金融机构,增加金融市场主体,提升金融服务国际化程度。在风险管理方面,中部地区金融机构通过金融工具创新,如绿色保险、碳金融等,分散了金融风险,从而提升了中部地区金融市场稳定性,也为全国金融市场发展提供了借鉴。

（4）西部地区:稳中向好,绿色金融创新发展

西部地区经济增长总体运行平稳,工业投资拉动强劲,新型消费市场加速复苏。金融引领下西部地区绿色金融创新发展成效明显,有力支撑西部地区经济绿色转型发展。

西部金融积极推进国家绿色金融发展战略,创新绿色金融产品及服务,支持清洁能源、节能环保等绿色产业发展,并促进西部金融与东部金融开展合作,为西部金融发展学习引入先进的金融理念和技术,整体提升了区域金融业的竞争力。

新经济环境下,西部地区在金融领域的表现尤其值得关注,具体体现在以下几个方面。

①数字金融创新。西部在数字金融创新发展领域打下了较好基础,尤其是在数字普惠金融领域和金融科技的应用领域,如成都、重庆成为人民银行数字货币和金融科技创新试点城市,积极探索金融科技在经济中的应用。新网银行推出数字普惠金融业务,在西部为小微企业和个体

工商户提供线上贷款服务,累计发放数字普惠贷款 3 亿笔,较好解决了"融资难"问题。西藏那曲市双湖县,藏族小伙通过新网银行的线上贷款服务授信开办网吧等,彰显数字普惠金融的顽强生命力。

②绿色金融发展。西部地区绿色金融创新发展业绩明显,助力区域生态保护与经济转型。例如,中国人民银行青海省分行以扩大碳减排支持工具额度为手段,累计投放碳减排支持工具 264 亿元,带动 1536 万吨的碳减排量。重庆创设"绿易贷"再贷款和"绿票通"再贴现专项支持工具,对绿色低碳领域重点支持。四川、重庆两地加强跨区绿色金融协同,加快推进川渝两地绿色金融评价定性指标统一、探索金融支持长江黄河流域生态保护协同机制。贵州贵安新区以吸引环境金融入驻为中心结合大数据产业发展,促进"大数据、绿色产业、绿色金融"的联动发展。

③全球化进程中的金融风险管理与监管。从全球金融市场开放趋势看,西部地区金融风险承受能力随着金融市场开放水平的持续提高而不断提升。西部地区通过优化跨境贸易投融资便利化政策措施,持续加大跨境人民币结算创新力度。2023 年,西部地区金融机构实现跨境人民币结算量占全国的比重高于中部地区 0.42 个百分点。此外,西部地区的金融管理机构落实从"做清底牌"向"增量用牌"转变,扩大再贷款、再贴现等货币政策工具的运用金额和覆盖面,支持金融机构向生态保护、绿色发展提供更为低成本的资金支持。西部地区金融管理部门通过有序开展绿色金融评价工作,强化评价结果在央行评级、再贷款及再贴现等方面的运用,在金融机构中有效地促进了绿色金融业务发展。

(5)东北地区:较快恢复,金融支持薄弱环节

东北地区经济加快恢复,农业现代化程度提升,继续发挥粮食安全"压舱石"作用。东北地区金融业带动消费市场加快恢复,外贸出口增速加快。

东北地区金融机构加大了对重点领域和薄弱环节的金融支持力度,降低了实体经济融资成本。同时,东北地区还加强了金融生态环境建设,提升了金融服务的便捷性和满意度。

经济结构优化筑牢了区域金融健康发展基础。随着供给侧结构性改革的推进,中国经济步入高质量发展的新阶段,产业结构不断得到优化,新产业、新业态不断涌现,传统产业加速改造,给金融业带来了新的市场空间,城乡区域协调发展加速推进,城市化步伐加快,给金融业创

造了更多的发展机会。

在新经济环境下,东北地区在数字金融创新、绿色金融发展以及全球化进程中的金融风险管理与监管方面呈现出以下特点。

①数字金融创新。积极促进数字金融创新发展,助推东北地区经济高质量发展。数字金融是利用数字技术与传统金融服务相结合,通过整合双方资源要素来实现金融行业的创新发展,为东北地区实现产业与经济升级,优化经济结构提供积极助力。例如,辽宁省在数字经济发展方面已经有所探索,数字经济部分占地区生产总值的比重已达到 30% 以上,而数字金融的发展促进了产业升级。比如,沈阳市沈河区利用智能交互平台,如智能陪练、智能营销、智能客服等功能来丰富和增强金融机构的服务场景,提高金融智能化服务程度。但是,东北地区数字金融产业的发展现状也存在数字基础设施建设滞后、金融专业知识宣传程度有限、数据安全与隐私信息保护等若干问题。

②绿色金融发展。绿色金融发展同样取得了一些成绩。在发展绿色金融的过程中,绿色金融作为一个非常重要的突破口,东北地区依托优势产业布局绿色金融的发展转型有很大的空间。东北地区在发展转型金融时,可以参考东三省企业在全国碳市场的第一个履约期的积极参与,履约企业数量相对较多,可以看出绿色金融对企业减排、促转型有引导作用。同时,绿色金融与普惠金融相结合,指导小微企业等普惠对象的绿色低碳转型也是东北地区绿色金融探索的方向。但绿色金融发展在供给侧结构性改革的推进上仍存在诸多问题。

③全球化进程中的金融风险管理与监管。全球化形势下,东北地区金融风险管理与监管方面面临国际金融合作与交易增加带来的新机遇与新挑战。例如,互联网金融带来跨国金融便利的同时,也使金融风险更加复杂多变。东北地区要以金融监管制度建设为重点,构建科学的东北区域金融风险管理与监管机制,积极应对和适应国际金融市场的动荡与风险,充分利用人民币国际化带来的人民币跨境贸易使用等稳定机会。

从整体角度来看,东北三省在新经济发展的过程中,利用数字经济金融的发展和绿色金融服务,为经济发展提供新动能,在全球经济发展中应加大防范和监管金融风险,保证区域金融安全、可持续性发展。

中国经济将持续平稳发展,经济结构进一步优化升级。金融改革发展纵深推进,金融市场日渐完善,区域金融业将迎来更大的发展机遇。一是进一步强化区域金融协调发展。通过强化区域金融合作与交流,强化金融资源优化配置、金融创新协同发展,从而提升区域金融的综合竞争力。二是绿色金融、普惠金融等新型金融业态将快速发展。随着绿色金融、普惠金融等新型金融业态不断获得国家政策支持,将会进一步提升区域金融业增长率。三是强化金融风险防控。通过强化风险监测预警和处置、加强金融监管、强化风险防控等,提升区域金融稳定性。

新的经济环境下,我国东部、中部、西部和东北地区在金融运行、数字金融发展、绿色金融发展以及全球化进程中的金融风险监管均取得了可喜的成绩,但不同地区有不同的问题和风险,东部地区在数字化金融创新中要注意数字技术创新风险、金融合规风险,中部地区要重视地方法人银行风险抗风险能力,西部地区要重视生态环境风险、绿色金融发展不平衡问题,东北地区要重视转型经济风险、地方法人银行风险。各地区要再接再厉进行金融风险管理与监管,实现金融高质量发展,为地区经济增长保驾护航。

3.1.1.2 区域金融运行差异显著

改革开放以来,我国实施非均衡的经济发展战略,以东部地区的经济发展作为我国经济发展龙头,带动其他各区域的经济发展,从而在促进我国经济快速增长的同时,使得各区域经济发展水平与东部地区之间的差距越来越明显。而各区域经济发展不平衡对各区域金融业的发展产生了直接的影响,使得各区域之间金融业的发展呈现出巨大的差距。

东部地区一直是支撑我国经济发展的"发动机",东部地区三产业的 GDP 占据了全国的 50% 以上,特别是金融业的发展,其机构数量、类型都远超其他三大区域,即使近年来国家通过促进"中部崛起""西部大开发""振兴东北"等战略的实施来缩小其他三大区域与东部地区发展的差距,但东部区域在全国经济中一直以来占主导地位。除此之外,我国宏观政策的制定更多也是以东部地区发展的模式和问题为准绳,这更加彰显了东部区域在我国经济发展中的重要地位。

就区域而言,我国四大区域中产业结构和经济发展程度事实上是分处于不同发展时期的地区。东部地区改革开放初期便率先开放经济特区、沿海开放城市、经济开发区、保税区等特殊经济区域,经济发展进程得到了开放的巨大动力。尤其是党的十八大以来,中央政府持续推出东部优先发展战略、京津冀协同发展战略、长三角一体化战略以及粤港澳大湾区战略,有力地推动了东部地区的经济发展。我国供给侧结构性改革、经济发展新常态背景下,东部地区的经济发展情况对全国各个地区具有重要的指导意义。

中部地区利用中部崛起战略提高了经济发展水平。2004年,温家宝总理首次提出了推动中部地区崛起,2006年,中央正式提出"中部崛起"战略,2009年国务院批准《促进中部地区崛起规划》,"十三五"时期更是明确了中部地区要深入推进五大任务,即顺应经济发展潮流、推动对内对外开放、统筹城乡发展、推进资源环境和生态保护战略、推进脱贫攻坚工作等任务,为中部地区经济发展提供了新动力。

对于西部地区,我国通过西部大开发战略,缩小与东部地区的差距。我国西部地区面积占据国土总面积的一半以上,其经济的发展程度关系到我国现代化建设是否能如期完成。2000年国家逐渐提出实施西部大开发战略,主要任务是在西部落实加快基础设施建设、加强环境保护。近年来,国家在西部大开发中也提出沿边重点开发开放试验区与内陆开放型经济试验区的建设,为西部地区的经济发展创造了机遇。

东北地区在新中国建设工业体系、构建国民经济体系方面做出了突出贡献,曾是我国工业的摇篮。随着改革开放的不断深入,体制性、结构性问题暴露,东北地区竞争力不强、人才外流等问题凸显。国家提出了振兴东北老工业基地的发展战略,是为了优化东北地区的产业结构、带动经济发展、呼应区域协调发展计划。

综上,尽管我国的区域金融发展总体是平稳的,但地区政策、历史遗留、地区自然资源等方面的差异仍导致我国出现区域金融发展不平衡的状况。东部金融结构健全、金融自由度高、金融发展快且质量高;东北和中部在相关政策引导下金融发展较快,但还处在金融体系构建及完善的阶段;西部地区因地理位置因素,金融结构不健全,还处在金融发展建设中。这种区域金融差异是基于历史与现实,是将来应当继续关注与解决的课题之一。

3.1.1.3 新经济环境下的区域金融运行特征

在新经济环境下,区域金融运行呈现出多维度的特征变化,这些变化与数字化、绿色化和全球化趋势密切相关。

（1）数字化视角下的区域金融运行特征

数字化时代下区域金融业的发展模式与性质呈现出不同的特征。

一是金融服务的普及化与便利化。互联网金融以及大数据与大数据金融的发展消解了金融的区域限定，降低了金融服务的需求门槛，金融服务能够更加便捷地满足各个社会群体及区域，尤其是小微企业和乡村群体的金融需求。例如，在互联网普惠金融的背景下，小微企业与个体都可以方便地进行借款，避免了过度的信息不对称现象，促进了金融资源的优化配置。

二是金融科技助力金融资源配置率的提高。通过大数据、人工智能技术的综合应用，金融机构可获得更加精准的风险评估、客户质量评估，从而优化金融资源的合理配置，降低经营成本，提高经营效率，给予地方经济发展更加稳定的金融支撑。

三是金融产品创新。数字化时代下跨境支付领域等使用的数字货币与区块链，推动金融科技在金融服务中具有更高的效率，带动了区域金融市场多元化发展，丰富了金融产品形式，增强了金融市场的竞争力。

因此，在推广数字金融的同时必须看到，数字金融给东、中、西部各地区带来了明显不同的推动作用，即数字金融发展区域化、溢出效应明显。数字金融发展的中心区域主要集中在东部各地区，对于经济欠发达、技术落后的中部及西部而言，数字金融发展十分不利。因此，应通过政策引导数字金融向中、西部落后地区拓展，创新数字金融监管，为数字金融稳健发展保驾护航。

（2）绿色化视角下的区域金融运行特征

就区域金融来说，受绿色化理念指导，其运行特征也发生变化。其一，政府对金融创新及政策的绿色支持是区域金融绿色化的发展动力。政府通过发行绿色债券、绿色信贷政策等金融政策支持，促进绿色金融发展。东部省市关于绿色金融的创新经验最为丰富，能够为区域金融的绿色化发展提供重要指导。

但是，绿色金融资源分布不均。东部地区凭借经济发达程度高及环保理念的普及，推动绿色金融发展迅速，中、西部地区绿色转型难度较大。因此，成立区域合作平台，推动绿色金融在中、西部地区落地应用，是完善区域金融绿色发展的有效方式。

绿色金融同时也促进了产业绿色化的发展。因为绿色债券的发行重点聚焦在我国金融实力相对较强的城市，在发展绿色金融的过程中可以对本地绿色产业和低碳经济的发展起到推动作用。当然,绿色金融的发展有利于环境金融一体化发展,在提高资源配置效率的同时稳定了区域金融。

（3）全球化视角下的区域金融运行特征

金融全球化背景下,区域金融运行具有新特征。

第一,金融运行国际化。随着金融市场的开放,我国区域金融市场国际化加深,推动了区域资金跨境投融资便利化;东部地区由于沿海区位优势突出以及经济实力雄厚,发展为中国经济金融中心的组成部分,吸引了大量金融机构聚集。

第二,全球化的悖论还包括跨境金融风险带来的挑战。金融风险的跨境传染越加速,范围越扩大,区域金融风险的空间扩散联系加强,加强国际金融监管的协调、防范系统金融风险也就成为维护区域金融安全的重要使命。

第三,金融创新促进竞争力的全球化。数字金融领域的跨境应用、绿色金融领域的合作等是区域金融发展的新趋势,促进了行政区划的金融实力水平提升。

第四,区域金融风险的空间分布和演变也存在较大差异。东部地区经济发展较强,金融监管水平较高,因此区域金融风险等级较低,东北地区和中部地区金融风险较高。因此,有必要针对不同区域的金融风险特征给出不同的风险防范策略。

3.1.2 区域金融风险的表现

我国的金融风险空间分布有明显的区域特征,金融风险的类型及在我国不同地区的分布程度与结构形态是复杂的。就我国地区来看,当前我国主要存在产业结构调整风险、地方政府债务风险、金融机构经营风险和新型金融业态所带来的风险,这几种风险因子关系复杂,并影响着地区金融风险格局。

3.1.2.1 部分行业下行压力加剧信贷违约风险的区域分化

20 世纪 90 年代,中国经济增长的主体是工业化,特别是传统煤炭工业、钢铁工业和制造业的发展。改革开放后,国家产业政策的倾斜作用充分发挥出来,重化工业快速发展成为这一时期中国经济增长的重要推动力。但这些传统重化工业在粗放型发展、资源低效益利用、产品质次价低、产品附加值低,而后又缺少产业转型驱动力的制约下,在资源密集型投资过后的短时间内,企业便陷入产能过剩的境地。市场供过于求致使产品积压、企业停工或半停工现象越来越多,企业的经营效益大幅降低,进而导致偿债能力下降,由此引发信贷违约风险。

但是,中国区域的产业结构存在巨大的差异性,各地主体产业也各不相同。因此,各地在落实产业结构升级(包括淘汰落后产能、限制过剩产能)任务上的压力及其方式都有差异,毕竟,东北老工业基地和中西部部分资源型工业城市去产能难度大,信贷违约风险高;这些地区主要为大型国有企业所占据,对地方经济的依赖性较强,因此,信贷违约对银行风险与地方财政风险所产生的外溢性风险更大,更有可能演变成多米诺骨牌效应。与此相对应的是,东部沿海地区产业结构升级任务重,但是整体经济结构较为多元化(新兴产业更快),信贷违约风险相对容易承担,风险传导性弱。

3.1.2.2 地方政府债务负担沉重引发潜在的债务偿还风险

我国自 1994 年出台《中华人民共和国预算法》(以下简称《预算法》)以来,地方财政的财权和事权分离,此项转变对于我国地方财政管理提出了更高的需求。一般情况下,在针对本地基础建筑建设和促进城市现代化发展时,往往会要求地方进行大量的财政投入。特别是在2008 年全球金融危机开始以后,在实施有效避免经济出现下滑的趋势时,针对 4 万亿元的投资规划的出台,则是针对国内强大的宏观调控带来的对于经济的有效稳定。

但是,客观情况是地方政府的财政收入渠道不多、税收的来源比较固定,在想要完成既定的经济建设项目时,不得不采取搭建本级地方融资平台,以发行债券等各种金融工具的方式获得所需的大量资金。在这种情况下,虽然政府的债务压力暂时得到了缓解,但也埋下了债务风险的隐患。

随着当地债务规模的不断攀升,一旦当地政府的债务负担过重无法付息或超出能力付息,抑或是在某一领域中超出能力时,很可能会出现严重的地方债危机,严重损害地方政府公信力,并冲击整个金融系统的稳定。

更复杂的是,我国各地区的基础情况与发展水平差异较大,地方所须完成的经济计划所要求的资源也有所区别,相应的地方政府负债规模和承担偿还债务的压力也较大,存在较大区域差异性,对于一些经济较为薄弱、财政收入相对较低的地区,当地政府有可能出现较大的债务风险,偿债压力也较大。

3.1.2.3　金融机构间的白热化竞争导致行业经营风险凸显

在本国金融市场体系中,银行无疑是最为重要的金融机构之一,是金融市场的中流砥柱,银行间因竞争产生的金融风险成为全社会关注的焦点。近年来随着我国金融市场化改革的不断深入推进,银行金融系统中的竞争状态日益白热化,犹如一场不流血的战争。

银行是金融体系的主体企业,但也是完全独立经营的银行企业,从银行企业的经营来看,银行有追求投入产出效率最大化的目标,换言之,银行经营的目标就是利润最大化。因此,大型银行纷纷从单一业务向综合业务拓展,并以传统的信贷业务为基础,向信托、保险、资产管理、委托贷款、金融衍生品交易等高风险业务方向转型。

但是,事实上并非所有商业银行都有健全、完善的内部控制、风险防范控制制度,其中相当一部分存在内部控制监督制衡机制不完善的问题,大量的资金因为没有得到有效监督,肆无忌惮地涉足高风险和高收益的领域,这为银行经营管理带来极高的风险,稍有不慎就可能导致银行陷入经营危机。

此外,由于我国国土面积较大,全国各地经济发展水平、金融环境以及银行业资产规模、数量及业务种类等方面都存在一定程度差异,因此银行业内部在不同地区存在的竞争程度有所不同。这一不同区域的差异性的竞争,使得不同地区银行业经营性风险产生了明显的不同。譬如,经济发达、金融环境成熟的地区,由于银行较多、业务种类丰富,因此竞争较为激烈,银行业经营性风险相应较高;经济相对落后、金融环境有待于进一步改善的地区,由于银行数量相对不足、业务种类相对单一,因此竞争程度相对较低,银行业经营性风险也就相对较易控制。

3.1.2.4 新兴金融业监管失衡引发金融投资风险

在金融行业快速进步的过程中,有不受金融监管制度的约束和掌控的,它们以独立的金融方式活跃于金融市场。但"影子银行"在金融运行的发展中由于金融监管没有针对性,它所带来的危害和危机是难以控制的。在"影子银行"领域,资金链一旦断裂,在伤及自身的同时,还会影响大多数人的投资,造成极大的投资风险。

在这个阶段,金融改革深入推进,同时伴随互联网、大数据、云计算、人工智能、区块链等新技术的高速发展,新型金融运行模式——网络金融这一模式应运而生。它是传统金融和信息化技术整合的结果,日益颠覆传统金融市场的格局。但网络金融在便捷高效的同时,引发了一系列监管上的问题。

互联网金融除传统银行共有的共同风险外,由于其独特的业态模式形成了一定的、特殊的新的风险。例如,信息安全风险、资金流动性风险、信用风险等。由于目前我国针对互联网金融的监管体系仍处于初级阶段,监管机制、监管秩序尚不完备,难以实现监管与金融创新共同前行,从而造成在互联网金融业中监管漏洞大、监管不到位,这就为不良分子提供趁火打劫的机会,不法分子非法集资、失联跑路、停业歇业等问题屡见不鲜,给投资者造成巨大的财产损失,破坏了金融市场的正常健康运行。

由于我国不同地区的资金、人力、技术等资源的吸引力存在较大差别,新兴金融业的整体发展水平存在区域性差别。而在这样的背景下,由新兴金融业监管不力而产生的金融投资风险也呈现区域性的差异。某些经济水平优越、金融环境良好的地区由于新兴金融机构的数量多、业务类型杂,从而监管难度相对较大,这意味着风险比较大。相反,一些经济水平相对较落后、金融环境有待健全的地区由于新兴金融机构较少、业务类型比较单一,监管压力相对小,因而风险相对较小。

3.1.3 区域金融风险的影响机制

区域性的金融风险差异体现了整个金融系统的复杂性,其背后包含的因素是错综复杂的,大致包括以下五个方面,也大体反映了金融风险空间的区域特征及演变。

3.1.3.1　经济景气因素：金融环境宏观态势的晴雨表

宏观经济运行是实体经济的直接反映，宏观经济运行的波动率在某种程度上将会引领金融运行中的风险波动率，因为金融市场对于实体经济来说是"身体"，宏观经济运行状况的好坏势必将会直接影响市场的金融运行状况。在实体经济良好的情况下，金融市场运行比较稳定，在实体经济不良的情况下，金融市场运行难免受到巨大的威胁。

GDP 增长率为一个地区经济增长的主要标志，其增长说明一个地区的财富增长速度，其相对稳定说明一个地区的经济活力以及今后金融的有力保障，而其下降很可能意味着一个地区经济增长速度缓慢，导致金融风险增大。而进出口贸易总值增长率为一个地区经济对外开放水平的主要标志，表明一个地区的经济是否积极地融入全球经济中。一个地区进出口贸易的高增长说明该地区对外开放的能力强，更有效地融入全球经济，从而进一步加大抵抗地域性金融风险的能力。

3.1.3.2　资源调控因素：政府调控能力与金融风险的镜像

继续向里挖掘区域金融风险网络体系，必须关注中观层面的资源干预因素，该因素即地方政府金融活动调控能力和智慧，影响着地区金融风险动向。

地方的政府作为该区域经济发展的主要负责者，常常出于调动地方经济发展的目的，对金融市场的宏观和微观调控进行调节。金融业的宏观和微观调控在推动地方经济发展的过程中虽然拥有一定的积极作用，但也会产生一些负面效应，其中之一就是财政金融化，也就是金融资源的利用受到了很大的影响，金融组织机构也呈现出行政化的特点，影响金融正常的市场发展，导致出现地区金融市场的封闭化，从而引起金融业的经营风险，干扰宏观调控的经济效益。

资源控制能力是地方政府将相关资源在金融领域进行有效调配的能力，同时，也是判断地方政府进行金融活动的调控能力和经济实力的工具。总体来看，在政府资源管控能力较强的情况下，区域内相关金融风险不会太高。但在政府控制资源存在不足的情况下，区域金融风险必然会增加,使得经济水平受到冲击。

为更详细地揭示资源控制力对金融风险的影响,本部分以财政收入增长率、财政收入/GDP和财政赤字率三个指标来进一步分析影响金融风险的影响机制。财政收入增长率是反映地方政府可持续发展区域经济能力的主要因素,该指标反映了地方政府持续处置金融风险的财务实力,此方面越强,代表财政收入能力越强;财政收入/GDP反映的是地区可动用财力及经济运行的状态,其数值越大,说明地区的可动用财力越强,区域对金融风险的经济基础越雄厚;财政赤字率是分析政府利用和控制经济资源的财务状况和标准。

此处将财政收入增速、财政收入/GDP这两项指标作为反向指标,其值越小,意味着政府财力越雄厚,政府抵御金融风险能力越强,区域金融风险值就越低;其值越大,则表示政府财力越不充沛,政府抵御金融风险能力越弱,区域金融风险就越大。这样,不仅可以更直观地看出政府财力与金融风险呈相反的关系,更能给制定政策的人士一个更加明确的参照标准。

但地方财政赤字率呈正向指标。地方财政赤字率是指财政支出与财政收入的差额与GDP的比值,是评价区域财政风险的重要指标。地方财政赤字状况,能够折射出地方政府在经济资源配置运用上的管理能力。财政赤字率过大则反映地方政府投入过多的财政支出以推动经济发展,财政风险偏高,不利于区域金融风险控制及维护政府信用。所以,在此选取财政赤字率作为正向指标,财政赤字率数值较大则表明区域财政风险较大,区域金融风险指数值越大;财政赤字率数值越小则表明区域财政风险越小,区域金融风险指数值越小。

3.1.3.3　金融体系稳健性:区域金融风险的坚固防线

金融稳健性在微观意义上指出了稳健的金融是维护区域性金融系统安全稳定的坚实屏障,只有稳健的金融能够化解金融风险,维护金融发展体系的健康稳定,维持经济发展的金融货币条件,避免爆发过高的金融泡沫或者出现通货膨胀与通货紧缩现象,是区域经济正常发展运行的基础所在。

但是,如果失去了稳定性,金融系统可能出现灾难性后果。一是导致价格体系混乱,直接影响实体经济中的交易活动,影响正常生产活动的运转,使经济运行中的资源配置效率降低,从而弱化经济的活力;二是严重破坏社会公信度,社会性的融资活动无法开展,投资者的信心动摇,由此影响区域的社会投资和社会经济发展;三是使得人们对金融市场的错误预期增强,出现恐慌性卖出、挤兑等非理性行为,给社会正常的经济活动带来巨大的损害。

可见,金融体系稳健性不仅是金融行业的安全系数,还是区域金融风险的一个显性指标。研究金融体系稳健性应当从金融体系流动性、金融体系安全性和金融市场偿付能力三方面分析。

第一,银行机构是金融体系的核心,银行机构是否安全至关重要。银行机构存贷比是衡量银行机构抵抗风险的指标,是指银行机构贷款余额与存款余额之间的比例关系,当存在过高比例的贷款时,会出现银行资金准备不足,支付破产的风险甚至会导致大面积的金融风险的爆发。因此,存贷比是指标因素,其值越高金融风险越大,其值越低金融风险越小。

第二,房地产贷款额度与总贷款总额之比也是关于区域金融风险监测的指标之一。中国目前房地产具有经济支持功能,但也有很大的风险。贷款过多地集中用于房地产开发,也说明了风险的过分集中,一旦房地产市场出现风险,就会给整个金融经济带来极大的冲击。因此这个指标也被视为一个正指标,贷款额度越集中于房地产开发,区域风险值越高。

第三,上市公司市值/GDP体现了地区的上市公司规模状况及证券市场为经济发展服务的水平。当上市公司市值/GDP过大时,可能会产生证券市场泡沫问题,但有一定规模的证券市场能使融资渠道更为畅通,有助于推进经济发展,但如果这一数值过大,经济发展则缺乏稳定基础,证券市场泡沫也会出现,因此这一指标是正向指标。

第四,保险深度是度量区域保险业发展程度和对金融贡献程度的指标,是影响区域金融稳健运行的重要因素。保险业发展提升了金融体系的抗风险能力,给区域经济提供了较好的风险规避支持。所以将保险深度作为负向指标,即保险深度值越高,区域金融风险越低;保险深度值越低,区域金融风险越高。

3.1.3.4　金融运行有效性：区域金融健康发展的微观镜像

金融机构运行效果是区域金融微观领域的基础性因素,是对金融市场运行效果的反映。它是通过金融市场内部的精细运转,实现资金向投资的有效转换,把大量的货币投入实际收益率最高的生产项目中,也就是最大化资本的使用效益,为区域经济增长提供不竭的动力源。金融运行是否合理是一个地区金融市场繁荣程度的映射,同时也是地区金融风险的基础信号。

金融运行效率是区域金融可持续发展的前提,也是考量金融系统作用于实体经济水平的关键因素。相比金融体系稳健性主要反映金融系统自身情况而言,金融运行效率更多的是体现金融系统作用于实体经济的能力。因此,针对该方面,还要从细分角度选取相关的指标因素展开分析。

工业增加值 / 总贷款反映了区域金融运行有效性方面的微观数据,是衡量地区金融资源供给实体特别是工业企业方面是否有重要作用的有效指标。它能够清晰表明实体经济所吸收的金融资源,其经过一段时间的生产实践活动后所创造的实体经济所涉及的内容,反过来也可以对实体经济运转过程中是否发挥了应有的功效进行评价。这一指标是负向指标,指标数值越大意味着所得到的金融资源进入实体经济生产经营环节后发挥的功效越大,这个过程中所创造出来的区域金融风险值越小。

上市公司市值增长率能够反映上市公司通过市值管理实现价值增长的情况,是衡量直接融资效果好坏的一个重要标尺。上市公司市值的稳健增长不仅表明了公司自身的实力,而且对周边企业能够起到很好的示范作用,进而激发市场的活力与信心,有利于构建平稳的金融市场环境,为区域金融风险的防范提供有力保障,所以上市公司市值增长率也是负向指标,其数值的提升反映区域金融风险的下降。

3.1.3.5　社会自然因素：金融生态发展的稳固基石

人口、就业等社会自然因子是经济社会活动发展的基础和根本,是经济社会活动的出发点、起始点和起因点,也是衡量区域金融风险不可或缺的重要因素;经济总量增长、区域间人均收入差异性下降,如同无形的双手,深刻地影响着区域人口结构和就业情况,进而主导区域金融生态的底层逻辑。

社会自然因素作为经济活动赖以生存的基础,在金融生态系统发展过程中占有重要地位,既可以为金融活动提供基本的市场主体和消费驱动,也可以通过调整人们的收入水平、消费观念、风险偏好等来间接影响金融资源流动、配置的方向。因此,社会自然因素对金融生态环境的影响深远,对于掌握金融风险、推进金融健康发展意义重大。

失业率的高低可以从侧面反映一个地区实体经济的发展和活力状况。所以,失业率的降低表明了社会经济发展状况的积极和活跃、居民消费实力和能力的上升、消费型行业的兴旺,说明金融生态充满活力。

失业率之所以能作为反映社会经济发展水平和金融发展水平的指标,主要是因为失业率和经济发展有密切联系,二者相互关联、相互影响。其一,经济发展为人们创造的就业机会越多,失业率相对越低,则会使得居民消费收入和消费水平有所提高,从而有助于金融市场的快速发展。其二,金融市场稳定发展能够为实体经济输入资金,从而进一步促进企业发展和创新,这样能够为降低失业率创造条件。

所以,失业率可以凭借自身所具备的高度敏感性和典型性来作为衡量金融生态环境发展状况的参考标准,它是社会经济发展状态的最直接反映,也是反映金融生态环境是否健康的一个重要风向标。在日后的发展中,我们应该更加重视失业率在金融发展中所扮演的角色,利用有效的措施做好失业政策的规划,进而落实好金融服务,将其失业率切实降低,确保金融发展的生态环境更加牢固。

3.1.4 新经济环境下的区域金融风险特征

3.1.4.1 数字化视角下的区域金融风险特征

在数字经济背景下,地方金融风险更具新的特征、新的传播特性。数字金融的快速扩张必然带来金融市场的新复杂度、新不确定性以及新风险快速传播等问题,这对监管环境的敏感度与适应性的要求更高。

监管滞后与盲区的问题尤为突出。传统金融监管难以适应数字金融发展中的新形态和新模式,使得新出现的数字金融产品被边缘化,存在监管的盲区和断层,增加金融体系的脆弱性,潜藏着金融风险滋生的土壤。

数字金融对区域金融风险影响的空间溢出特征为:数字金融在发挥资源配置优化作用和改善金融服务绩效的同时,具有降低本区域金融风险的经济激励;但由于数字金融存在跨地区竞争,会促进本地区金融风险"外部性"提升,衍生风险传染效应。

此外,数字金融还可能导致金融部门融资成本提高、市场竞争加大,从而提高金融部门破产的风险;同时数字金融对信息技术依赖度高,信息技术导致的故障和网络风险可能会对金融体系的稳定性构成巨大风险。

3.1.4.2 绿色化视角下的区域金融风险特征

绿色转型背景下区域金融风险特征发生新变化。产业绿色发展金融风险方面,传统产业可能面临融资受阻、资产贬值等绿色转型风险,尤其是高碳产业可能会面临因环境要求受约束而导致资金链断裂的严酷风险。

绿色金融项目自身应用了新技术、新机制,其技术或市场适用性具有很大的不确定性。若将这些具有不确定性的绿色金融项目投资到金融市场,将会产生较高的项目投资风险,对其信用融资的决定产生不利影响。

要关注绿色金融资源结构分布。中西部因资源禀赋相对有限,所受转型冲击或将更大,区域的不均衡带来的金融风险空间差异进一步加大,也不利于绿色金融的持续进行。

政策风险是不可忽视的绿色金融政策风险。由于绿色金融需要政策的高度支持,政策的不连续性或者政策调整都可能导致机构和市场参与主体产生较大的震荡,因此维护稳定透明的政策环境对绿色金融良性发展十分重要。

环境污染和生态破坏与金融风险之间存在密切关联。特别是在中西部地区,环境压力对绿色金融发展构成了严峻挑战。这种关联不仅增加了金融风险的复杂性和不确定性,还可能对区域经济的可持续发展产生深远影响。

3.1.4.3　全球化视角下的区域金融风险特征

在经济全球化进程中,区域金融市场面临的金融风险更加复杂和多变,区域金融市场风险的来源为跨境风险传导。外部金融市场风险通过跨境资本流动、汇率波动等形式传导至国内市场,对国内区域金融市场产生影响。

全球化意味着可能出现地缘政治的风险。地区间的地缘政治冲突引发的金融制裁、贸易摩擦等问题,会对地区金融的稳定性产生重大的威胁,这种风险具有极大的突发性和不确定性,需要加强监管。

外部资本流动的不确定性加大了区域金融市场的不稳定性。国际资本的大量流入和流出会带来区域金融市场的剧烈波动,甚至造成金融危机。由于经济基础不够牢固,新兴市场国家更容易受制于国际资本流动。

各国各地区不同的金融监管政策在客观上容易造成功能性的监管套利行为及风险积累。因此,强化国际层面的金融监管协作以防止或化解区域性的金融风险成为有效之举。国际协作能够较好地发挥相关国际监管机构之间的信息共享和利用,从而强化国际金融监管合力,降低国际金融风险的交叉传染概率。

空间上金融风险存在不均衡性。东部地区作为金融发展程度高的区域以及金融监管机制相对完善的地区,其金融风险总体来说较低;东北地区以及中部地区则因为经济结构相对简单、金融监管不到位等,成为风险承受能力最大的地区。这就需要监管者采用差异化监管理念,针对不同空间地区的金融风险问题采取不同对策。

3.2　区域金融风险管理的相关概念界定

3.2.1　金融危机的概念

"金融危机"这一概念用于描述涉及与货币有关的经济活动存在长

时间和深层次矛盾,表现在金融市场、金融机构甚至是金融资产的价格的剧烈波动之中。简言之,金融危机往往表现为股市或者债市出现"崩盘",金融机构面临倒闭的风险甚至直接倒闭,在一系列资产价格上出现较大的下降。早在1982年,Goldsmith就针对金融危机进行了经典的定义:所谓金融危机,就是在短时间之内,包括短期利率等很多金融指标,以及证券、不动产,还有土地资产等种类的资产价格,各种商业企业倒闭的数字和金融机构倒闭的数字产生剧烈、非常规化的恶化,超出了正常的经济运行波动范围。

金融危机的突发性要求人们以更长远的眼光来看待金融危机给国民经济带来的打击,国民的悲观预期会导致货币流通价值长期和大幅缩水,经济增长会因此受挫,大范围的企业经营因亏损而停业甚至破产,社会失业率提高,整体国民经济将处于长期停滞不前的经济萧条状态中。金融危机这个哑变量的状态要么存在,要么不存在。

当今世界是一体化的世界,是一个信息化的世界,经济一体化的趋势越来越明显,金融的发展早已突破了国界的界限,国家与国家之间的金融业务往来越来越多,这就使国际金融环境越发复杂。金融市场的国际化主要表现在跨国金融机构出现、国际金融资产经营、国际货币使用以及当代的全球信息网络等方面。

一方面,由外部环境和技术手段引发的金融风险传导速度越来越快,传导范围越来越广,无疑给金融监管带来了更大的挑战;另一方面,"黑天鹅""灰犀牛"事件近年来不断发生,这均让金融危机爆发的风险加大。金融危机对世界而言具有极大的危害性,不仅扰乱世界金融秩序、破坏国家金融系统,还可能将危机传导至实体经济领域,从而引发经济危机,严重时甚至将爆发社会动荡、国家不稳、区域冲突等。

3.2.2　系统性金融风险的含义

次贷危机开始在全世界迅速蔓延,此轮全球性金融危机的爆发使世界上越来越多的人重视并反思由系统性金融风险带来的意外损失和巨大威胁,对系统性金融风险进行监督和防范也就显得尤为重要。金融危机是系统性金融风险发展的最后表现形式,危机发生的真正原因就需要从系统性金融风险中寻求。

系统性金融风险并非新生事物,其在学术界和实务界内是一个早就得到广泛关注的范畴。它一般被界定为：某一单一冲击事件可能传染到一连串机构与市场，并产生"滚雪球"的连锁作用，致使亏损持续蔓延开来，并危及整个金融体系乃至宏观经济。这绝不是少数金融机构内部个别事件所造成的"独行者"事件，它具有扩散性和破坏力。

对系统性金融风险的认识可以从两种意义上加以说明。其一，单一事件可能对金融体系正常功能造成长期扰乱，构成系统性金融风险。其二，某一事件可能使得一个在表面上与此没有任何关系的第三方为此买单，这属于系统性金融风险。系统性金融风险是在时间维度上与连续的动态演变有关的连续变量。它表现出累积、爆发和扩散三个阶段的发展演变。与金融危机这一哑变量（只有"是"和"否"两种状态）不一样，系统性金融风险在潜伏期里可能丝毫不会对金融体系产生影响，却有可能正在埋下爆发危机的"地雷"。

部分偶然的事件，如金融机构倒闭等，当风险积累到一定程度时即可引爆金融危机。而部分看起来利好的冲击事件，例如，技术创新和宽松金融政策等，也可能成为风险累积的因素，这些风险一旦引爆则会通过资产负债表效应、羊群恐慌效应以及信心崩盘等渠道不断传递和扩大，最终会将"小冲击"变成"大危机"。

自20世纪80年代起，随着全球经济一体化和金融国际化进程加快，国际宏观经济环境变化对世界经济发展方向产生巨大的影响，在股票和外汇市场上表现较为突出，股价联动使金融系统风险蔓延。由于高科技推动金融交易变得更加快捷与便利，同时也使得金融系统风险扩散与溢出的机会更易放大。它将使得一个地区的金融风险急剧传染到若干地区的金融危机中，加剧系统性金融风险。

系统性金融风险产生原因虽然复杂，但我们可以从已经出现的金融风险案例中提取经验，分析发现金融风险产生的原因分为内部因素和外部因素。其中，内部因素与金融体系的不稳定属性相关，包括金融市场的过度创新和杠杆而引起的市场失灵、金融机构公司管理失调、金融机构的业务关联过于密切和少数金融机构占有主导地位等。而外部因素主要与经济周期、政策干预相关。此外，面对风险时的贪婪与害怕等人性因素不可忽视。

为了应对系统性金融风险问题，国际和各国监管当局都正在加紧对系统性金融风险的监管，虽尚处于探索和形成阶段，但还是达成了一定共识。这些共识共分为两个维度。一类是跨行业维度的共识，即关注金融体系不同金融机构间的联系,共同风险敞口下,风险如何通过金融体系在不同机构、金融产品和市场中分布;另一类是时间维度的共识,即关于风险如何随着时间的演变,形成对金融体系的系统性冲击。从这两个维度出发,可以更好地把握系统性金融风险的内在实质与演化路径,进而有效监管与防范系统性金融风险。

3.2.3 区域性金融风险的内涵

从风险的定义来看,金融风险由经济主体在投融资等经营活动过程中,由于不能准确预测结果,进而产生资产的减值和收益的偏离所引起。从金融风险影响范围与特征角度来看,金融风险可以分为宏观风险、中观风险与微观风险,而区域性金融风险正好处于宏观与微观之间,属于中观意义上的金融风险。

区域性金融风险,即指发生在本地区范围内的金融活动,由于个别风险的发生,风险不断积累,依托本地区较密切的经济联系传递给其他地区,从而形成区域金融环境动荡而造成本地区经济发展不稳定这一问题。这一问题关系本地区经济发展,具有多样性、复杂性的特点,是地方各级政府防控化解工作的重点与难点。

需要注意的是,不同的区域金融发展水平,决定了区域金融风险承受水平不同。由于安全区域风险消化能力比较强,其更容易借助自身的经济系统消化金融体系的部分危机。基于此,明确区域金融以及区域金融风险的关系,明确区域金融的发展运行实际以及蕴含的金融风险,才能保证区域经济的稳定运行,并及时稳定金融风险。

区域性金融风险的特性之所以被提出来,某种程度上是空间概念的视角所在,这是和系统性金融风险的最大不同。在正式分析之前,需要预先明确地域边界和地域范围的内容。在此需要注意一个误区,就是所谓的地域范围不等同于经济范围,但是也绝非绝对孤立地从经济角度界定地域边界。对于区域性金融风险层面,的确可以从两个角度去把握,但显然核心视域的不同是必然的。结合本研究关于区域性金融风险实际监管的操作需求,基于地理意义上的行政区域进行界定更具现实意义和价值。

再者,如果我们可以从不一样的空间尺度入手来理解区域性金融风险,那么它的灵活程度会给我们提供更大的认知空间,它可以是世界意义上的,即一国金融风险的爆发很可能会影响和其经济联系紧密的其他国家;也可以收缩到一国内的各个区域之间,即一个省域内的金融机构出现问题可能瞬时扩散至邻近省份,严重时可能会蔓延到整个国家。

区域性金融风险主要是由以下几种原因造成的:一是支付风险,主要因为缺乏足够的流动性,当金融机构或企业应付不了流动资金时就易产生一种循环,使区域金融的局面开始紧张;二是贷款损失风险,主要指因为一些贷款的质量出现问题,比如增加不良贷款所引发的风险,这样就会给金融机构带来资产损失,威胁自身的健康发展;三是市场风险,主要是由于市场中价格的波动引起市场中的主体遭到损失的风险。

3.2.4　区域金融差异

由于各地区在地理气候、资源配备、市场化进程等方面存在差异性,随着改革开放进程的推进,经济发展水平差异日益显现,南北差距逐步拉大。以经济较为发达的东南沿海地区为例,由于发展基础条件好,市场化程度较高,经济发展较快,人民生活水平较高;而以西北地区为例,由于受到自然条件及历史等自身问题制约,经济相对落后、人民生活水平有待提高。

这种经济发展不平衡也直接影响了金融发展,这是区域不平衡的表现形式。在金融市场及结构方面,区域间金融发展不平衡显而易见。西部地区金融结构组成较为简单,通常是四大国有商业银行居多,股份银行建立不多,城市商业银行与农村商业银行数量也较少。而在东部地区,金融机构组成的结构、层次更加多样丰富,并且分布较多,一般都拥有众多的商业银行、股份制银行及地方性银行等,还有外商银行。

另外,在金融服务实体经济能力上也存在明显的不均衡现象。东部地区金融市场相对成熟,金融交易工具发达,北京、上海、深圳三大金融中心初步形成,股票、债券、保险、期货、新三板、股权交易、黄金等多个金融市场和平台对实体经济支持明显。而在中西部地区,金融服务能力建设滞后,金融服务的覆盖力、渗透力、承载力都要提高。

这种区域性的金融差异对我国经济的影响较为显著、普遍。其一,区域性的金融业发展不均衡会引发地区的经济发展不均衡,甚至会加剧发达地区和欠发达地区之间的发展差距。其二,我国上市企业大部分集中于地区经济发展水平高和产业经济水平高的东部地区,而中西部地区上市公司的经济环境还不够完善,这对我国中西部地区的经济发展也有一定程度的制约。

从筹资方式角度看,企业在经济活动中所筹集的资金一般分为直接筹资和间接筹资两种。间接融资方式作为传统融资方式在中国社会融资中的占比居高不下,尽管直接融资比重逐步提升,但是其对实体经济的支持能力依然存在较大差距。大多数民营企业由于自身实力较弱,难以借助上市进行筹资,使得其融资以间接融资方式为主。但是不同地区直接融资所占比例存在较为明显的差距,东部地区直接融资所占比重大,约为15%,而中西部和东北地区这一比例明显低于平均水平,甚至小于10%。相反,间接融资在不同区域占比则并没有显著的差距,其平均占比都在85%以上。

进一步来看,贷款利率除了能够反映区域间接融资成本水平差异之外,还能体现区域间金融发展的不平衡性。从贷款加权平均利率差距来看,东部地区贷款利率最低,中部和西部地区保持一致,东北地区最高。这在某种程度上体现了东部地区金融市场的竞争相对较大,金融市场的服务效率高;东北地区由于经济发展较为滞后,其金融市场的发展相应迟缓。

此外,储蓄转化为投资是衡量一个地区金融发展水平的重要标准,能够度量该地区范围内总的储蓄中能转化为实体经济投资的部分,从指标值来看,东部地区的储蓄转化为投资高于其他两个地区,说明东部地区的金融发展比较活跃,对投资资金的利用率高;而西部地区的金融发展储蓄转化为投资最低,且近几年呈现下降趋势,这也在一定程度上限制了西部地区的经济发展。

3.3 区域金融风险管理的理论依据

3.3.1 金融风险理论

金融风险对大众形象而言是基于经济行为特别是金融行为的不确定性给参与主体带来的潜在风险,相较于经济风险,金融风险在自身性质和表现形式上均具有独特性,就金融风险进行探析,很容易发现其具有以下明显特征。

一是金融风险存在蓄积滞后性。金融市场中存在金融机构和融资需求方之间的巨大信息不对称,金融机构作为信息掌握的强方,会更及时地掌握风险的潜在动态,而信息掌握不足会使其不易被外部察觉。因而由于信息不对称存在,金融风险会在较长时间内隐匿潜伏在金融机构体内,悄悄向整个金融体系积聚,金融体系内部的脆弱程度也随之逐渐积聚。

二是金融风险爆发性大。金融机构积累的风险一旦累积到相当量,在正常情况下很可能使金融机构超过可以忍受的风险承受能力极限,偶然发生的一件大事便能够引起金融风险。这些意外事件可能是由市场冲击、政策调整、信用违约等不同方面引起的,一旦发生,便可打破金融机构信用均衡状态,引发金融机构信用风险并引起金融系统性危机。

三是金融风险具有传染传播性。金融行业具有错综复杂的关系结构,是复杂的系统网络,其中包括各种金融机构及金融资产。这些金融机构与金融资产之间的业务联系、资金转移等形成了一张复杂的网络,在某一金融机构由于资产价格的猛烈波动或经营不善而发生金融风险时,就会迅速沿着网络传播,引起投资者恐慌,导致整个金融行业发生金融动荡。

作为经济研究中的重要问题,金融风险在学术界长期受到重视,从不同角度对金融风险做出深刻的理论解释,形成诸多理论。其中,经济周期理论强调经济波动引发的金融风险;货币主义强调货币政策不稳定性是金融风险产生的重要根源;实际主义关注技术进步、政府需求等因素对经济波动的影响进而对金融风险的影响;信息不对称理论揭示信息不对称现象普遍存在以及信息不对称对金融风险的深刻影响。

凯恩斯在《就业、利息和货币通论》中着重指出,金融风险研究中不能缺少预期的不确定性。凯恩斯认为,由于经济个体的预期是决定金融风险的主要因素之一。研究进一步表明,金融机构的业务经营行为如存贷差、贷款损失准备金计提、资产定价等都存在顺周期性,与经济波动有高度的相关性,放大经济波动的幅度,进而加剧了金融风险。

一些学者通过研究 20 世纪 80 年代至今世界各个国家多起金融风暴事件后得出金融危机大都伴随着经济危机产生的结果,再次证明了经济波动和金融风险的关联性。弗里德曼是货币主义学派的主要代表,他提出保持货币政策的稳健是防范金融风险的有效方法。货币是影响实体经济的重要因素,对货币政策进行调控不仅不会减小风险还会加深风险。

实际主义理论不同于以上这些理论。它强调,经济波动产生的主要诱因是技术进步、政府需求等冲击作用。一些学者将技术冲击引入实际商业周期理论(RBC)的分析之中,从经济波动和金融风险角度考察了技术进步的作用。还有一些学者在动态随机一般均衡模型(DSGE)框架下的研究中将技术创新和政府支出等冲击作用引入了分析经济波动的研究框架,丰富和深化了金融风险理论。

信息不对称理论偏重从经济社会信息不对称现象的普遍性和金融风险形成、变动对其具有巨大影响的角度讨论金融风险。其认为市场不同投资者由于信息获取能力差异、信息分析能力差异,使得不同投资者对于未来市场前景的预期不一致,从而加剧了金融市场波动性和风险性。另外,由于信息不对称,容易引发投资者逆向选择行为和信贷活动中的道德风险问题,进而增大金融系统的波动性和风险性。

金融风险是与经济活动不可分割的重要因素,它的特性与成因非常复杂,研究好金融风险理论,对深入认识与防范金融风险、维护金融稳定具有重要的理论价值和现实意义。

3.3.2　金融脆弱性理论

金融脆弱性的概念是建立在货币脆弱性概念的基础上的。因为金融系统本质上就是由货币构成的,因此金融脆弱性主要体现在以下三个方面。其一,货币具有的购买力会随着商品市场价格与其价值不同,商品的价格并不能反映商品的真实价值,因此常常表现得过高或过低,产生市场风险。其二,货币的购买力并非总是固定不变的,会因为宏观经济变化而产生波动,这意味着货币购买力的不确定性肯定会造成金融体系的脆弱性增强。其三,货币作为支付工具的重要性也并非绝对的,在某些极端情形下其作用将会大大降低,以恶性通货膨胀为例,人们并不会接受贬值速度快的货币,这样就明显增加了金融体系的脆弱性。

学术界在界定金融脆弱性时有不同的认识,但都是从两个方面来界定的,或指狭义和广义金融脆弱性。狭义金融脆弱性是由金融高杠杆运行特质引起,在金融领域内不断累积风险造成的一种金融内在脆弱性,是一种状态。广义金融脆弱性是一种由于金融资产价格波动积累,造成金融市场的金融风险。金融脆弱性与金融风险是相互联系的、一体两面的,金融风险的模糊性在现实生活中随时都有,金融脆弱性就是产生和增大金融风险的诱因之一。

金融脆弱性理论指出了金融危机产生的原因,从理论角度指出了金融体系自身存在的缺陷,从制度层面指出了金融体系不稳定的成因,认为信息不对称性、资产价格波动以及金融自由化是导致金融脆弱性的根本原因。其中,信息不对称导致金融机构与投资者缺乏有效的沟通,增加了市场波动性;资产价格波动直接冲击金融市场的平稳发展,为金融脆弱性的产生提供了条件;金融自由化是导致金融风险聚集并传导的因素之一。

Minsky 作为提出"金融脆弱性假说"的第一人,为金融脆弱性理论的研究开辟了一个新的方向,这一假说主要立足于信贷市场,认为信用生成机构(如商业银行)和借款人自身的固有特性导致金融体系内在的不稳定。这种不稳定性是现代金融体系的基本特征,我们难以从根本上改变。Minsky 还指出,在经济周期的不同阶段,谨慎融资、投机融资和庞资融资三种融资行为会进行市场换位,这种换位会导致经济活动中投机行为的增多和泡沫的膨胀。一旦市场信贷出现问题,整个市场便极易陷入崩溃的境地,从而引发金融危机。

还有一些研究关注于金融稳定,金融体系的稳定可以在很大程度上将储蓄转向投资,从而促进经济增长。新兴市场金融体系脆弱的不利状况明显要比发达市场严重。新兴市场的发达需要大量依赖金融市场,然而在金融市场加息的情况下,人们对通胀及汇率贬值缺乏有效预期,同时发展中国家对金融监管的体系要比发达国家复杂得多,由此导致逆向选择以及道德风险,进一步导致了新兴市场国家金融体系脆弱性的恶化。

金融脆弱性理论为研究金融体系的不稳定性提供了一个有效切入点,对认识金融危机的成因以及如何防范风险、化解风险、维持金融稳定具有重要参考价值。今后在研究金融脆弱性的基础上,如何更好地进行金融监管以及防范风险成为我们面临的又一项重要议题。

3.3.3　金融风险传导理论

金融发展传统意义上的"金融"是指传统金融服务,由于"严准入、宽经营"的金融环境所形成的固定区域空间框架,因此,传统的金融风险只限于某个区域内,很难在不同的区域之间进行传递。随着时间的推移和金融市场环境的变化,无论是空间还是时间上,都呈现出金融风险不同的状态。尤其是在我国,金融发展的区域间差异非常大,即使是一家地方金融机构,在其经营过程中也存在经营粗放、内控管理不规范等问题,尤其是20世纪八九十年代和21世纪初期,银行机构特别是农村信用社的金融风险因素众多,这些因素都会带来一定程度的区域性金融风险。

与此同时,地区政府为了发展辖区内的经济,在产业政策等各个方面都会引导银行将资金投入特定的经济活动中。而经济活动向某个领域集中发展虽然能在某种程度上带动地区经济发展,却会导致该地区内的银行经济业务出现经营偏重、风险集中的现象,地区政府风险管控能力的不足又为这些风险埋下了伏笔。

金融工具网络化以及金融联系的穿透性,都使区域发展中形成的金融风险的传导具有联动性和放大性特征。单个金融机构的金融风险积聚、扩散、传染最终形成区域性金融风险,如果这一风险控制不力,将沿跨区域路径不断传导,引起更大区域的金融秩序混乱,导致金融危机。

资本的逐利性导致区域金融风险生成,这是区域金融风险形成的内在原因,在经济发展的市场一体化程度高的情况下,若是政府部门缺乏良好的金融调控手段,某地区、某机构中的个体性事件都会极易导致金融风险蔓延到他处,使得风险的传导与蔓延受到区域内经济联系程度、风险预警系统有效性等多种因素影响。

具体来看,区域性金融风险出现的原因可从三个方面进行分析:区域内部微观金融机构因自身业务往来和资金转移而引发的金融风险是区域性金融风险形成的方式之一,主要存在于区域性金融机构内部,是由微观上发生的区域金融风险自下而上传播,可以被称为自源性区域金融风险;由于区域之间存在经济上的往来关系和经济上的紧密联系,使得区域之间的金融风险通过贸易、投资等活动而横向传输,具有速度快、范围广等特征,极易在短期内影响区域的经济;而金融系统是宏观经济的重要内容,宏观经济的走势必然会影响金融系统中金融风险的爆发,金融系统如果出现风险,将会对其本身运营的区域产生破坏性影响,可以将此种风险形态称为上源性区域金融风险,具有自上而下、全面性的特征,其影响比前两种更加深远。

3.3.4　金融风险识别、防控与区域金融稳健发展理论

金融风险作为一个金融实践活动所普遍面临和不可回避的部分,它的产生源于金融活动本身所具有的特性,在金融活动的整个过程中始终存在、贯穿金融活动始终的必然风险事件,如同一道影子,时刻警告着我们金融风险的存在。但同时我们不能无所作为、听任风险事件发展到最终成为金融危机的境地,而是必须以积极的态度,采取防范与消除风险的措施,这样才是真正应对金融风险的正确途径。

当前防范化解区域层次的金融风险必须对各区域的金融风险状况有所了解,理清金融风险可能产生于何种金融市场,可能产生于什么样的金融监管制度的缺陷,金融竞争程度如何等。了解了这些信息就是完成了整个金融风险地图的绘制,正是基于地图的了解,才能知道金融风险发生在哪里,如何发生,走向何方。

作为金融风险"防火墙",需要继续加强、丰富风险的度量系统、监测系统和处置系统,在风险萌发的第一刻就发出警报,争取在最短时间内采取行动制止和化解风险,防范和预警区域性金融风险的爆发。

但是我国金融体系目前仍处在深化进程中,金融市场覆盖面越来越广,金融体系容纳量剧烈增加,而金融监管制度很难与此实现完全统一,在此背景下,衍生出的监管不完全滞后性,就为金融风险的产生提供了一个缺口,并且各地区各个领域内金融的不断发展使得竞争日趋激烈,资源差距性增加了金融体系内金融风险的增长。

事实上,这几年,面对金融风险的防范和化解,我国取得了重大成效。金融市场运作平稳,监管制度不断完善,我们防范化解了系统性金融风险。但是,不能因此放松警惕,面对长期实践带来的地方金融隐性风险,一定要绷紧弦。

所以地方政府及金融监管部门要承担起主要责任,规划区域金融风险方面的工作。只有区域地区规划好严密可管控的区域金融预警及防范系统,我们才可以确保区域金融实践的良好循环发展,以保证区域经济良好运行。

金融风险的防控以及区域金融的稳定运行是一个互动共进的整体过程。我们应该从整体的高度,多方位透析金融风险以及引发风险的原因,积极对金融风险进行防控与化解,保证金融体系的良性运行,这样

才能为区域经济持续发展提供有力的保障。

3.3.5 新经济环境下的区域金融管理理论的发展

3.3.5.1 数字金融与绿色金融的融合

数字金融与绿色金融的融合发展成为新经济时代开展绿色区域金融管理理论的发展方向,绿色金融在获得相关服务过程中有利于金融服务效率的提高,对促进绿色低碳发展有一定帮助。

(1)绿色项目识别与管理

绿色发展数字技术为绿色项目识别和管理"减负",绿色金融服务管理系统应用大数据和人工智能技术识别绿色项目,辅助人工评价,形成"绿色项目智能识别→精确链接金融机构→对接反馈跟踪"的良性循环。例如,湖州的"绿信通""绿融通""绿贷通"三大平台用数字化手段对绿色项目与金融机构进行了精准对接。

(2)绿色金融产品创新

数字金融促进绿色金融产品创新。例如,网商银行推出绿色评级体系与供应链金融科技服务小微经营主体的优惠贷款和"绿色采购贷"等业务,打造"一横一纵"的绿色金融服务体系。金融机构借助区块链发行绿色债券,提高绿色债券信息披露的透明度和可追溯性。

(3)碳账户与碳足迹管理

广泛应用数字技术。例如,中国建设银行推出"碳账本"、平安银行推出"低碳家园"等"个人碳账户",对用户的碳减排量进行记录和碳值分享,在用户自愿使用过程中积累个人碳价值;金融机构基于大数据、人工智能开发碳足迹管理平台,为用户提供碳管理工具服务。

(4)区域实践案例

在区域层面,数字金融与绿色金融也卓有成效。比如,华夏银行成都分行以绿色金融管理系统促进绿色金融领域识别、绿色项目的审批效率提高及绿色项目的落地,如完成了舍得酒业魏家营废水处理中心项目。这反映绿色与数字金融的有效结合能够赋能区域经济绿色转型的诉求。

3.3.5.2　金融监管的数字化与智能化

大数据时代下,金融科技的发展使得对区域金融监管的数字化、智能化管理成为金融监管的重要理论,在区域金融监管中不仅有利于提高监管效率,还能够帮助防范金融风险,防范系统性金融危险的发生。

（1）监管科技的应用

监管科技利用大数据、人工智能及区块链等技术提升了金融监管效能与效率。例如,湖州绿色金融信息管理系统可以通过数据"T+1"高频采集、贷款业务可核查、数据可监测分析等功能,实现了对绿色金融发展的规范监管。又如,"长江绿融通"大数据系统采用模块化设计,对绿色金融数据进行了深度加工分析,提高了监管透明度及效率。

（2）智能风控与预警系统

银行业金融机构通过大数据与人工智能应用构建智能风控体系,可以更好地控制风险,判断"假绿""漂绿"项目,从而使金融资金可以投放给真正的绿色项目。平安银行通过引入 AI 技术在绿色信贷业务上搭建智能风控系统,实现业务流程再造,提升风控能力。

（3）区域监管协调

在区域层面,地区性监管科技的应用推动了跨地区的金融监管协作。以重庆"长江绿融通"为例,通过跨区域创新平台实现了地区间的绿色金融信息与监管交换,可以协调跨地区的金融监管,防范地区间的金融风险传播,增强地区金融的稳健性。

（4）政策支持与制度创新

国家和金融监管层也为加快实现金融科技和金融监管的数字化以及智能化发展,制定了许多有助于促进金融数字化发展的政策。例如,中央金融工作会（2023 年）提出,要完成五项重大任务,强调数字金融对数据要素开发和金融模式创新的新要求。

3.3.5.3　区域金融合作与监管协调

在新经济环境下,区域金融合作与监管协调成为提升区域金融稳定性和竞争力的重要手段。

（1）区域金融合作的深化

通过区域内金融资源、功能要素的整合配置，区域金融合作有助于推进区域内经济一体化。例如，长三角地区金融合作发展，构建多层次的金融市场共同发展，在区域内外助力科技创新、绿色发展等。长三角地区联合杭州、无锡和宁波等地区共建绿金区域合作平台，共同打造绿色金融标准体系和绿色项目库。

（2）监管协调机制的创新

为了顺应金融市场发展越发复杂化以及金融市场风险传导趋向高速化发展的情势，各区域金融管理监管协调机制不断革新。例如，重庆市"长江绿融通"作为地区跨区域创新平台，可以充分促进本地区与其他地区之间绿色金融信息资源，促进各地金融监管协调同步，防控和降低金融市场风险传染性，提高区域金融稳定性。

（3）国际合作与跨境监管协调

在全球化背景下，区域金融合作还涉及国际合作与跨境监管协调。例如，金融机构运用区块链合作技术建成碳信用交易网络，完善了跨境的碳交易，便于透明化、规范化运作，并对全球绿色金融发展提供了借鉴意义。

（4）区域金融改革试点的探索

从制度层面来说，金融区域改革试点为区域内金融合作以及金融监管协调提供了实际依据。比如，浙江省设立绿色项目库、建立绿色金融综合服务平台，实现了区域绿色金融的规范化发展，其成功经验可供其他区域复制推广。

第4章 区域金融风险管理的现状分析

在当今复杂多变的金融环境中,区域金融风险管理显得尤为关键。为了对区域金融风险进行全面、恰当的识别、控制和预防,本章对区域金融风险管理环境进行全面分析。

首先,了解何为区域金融风险识别、遵循什么原则、识别哪些内容、运用什么方法等,都是风险管理的开始,也就是说,从识别开始就直接决定了以后风险的控制与规避,但不可忽视的是,在风险的识别中所存在的缺陷问题,会给后期的风险管理带来坏处。

其次,我们将转向区域金融风险的控制与防范策略。在这一部分,我们将阐述风险控制的原则、程序以及传统方法,以期为读者提供一套完整的风险应对策略。

最后,本章将重点关注区域金融风险监管的现状。通过对监管体制、模式以及存在的不足进行深入分析,我们将揭示当前监管体系的优势与局限,为后续的风险管理实践提供有益的参考。

4.1 区域金融风险识别的理论机制与方法研究

4.1.1 区域金融风险识别的理论内涵与原则确定

4.1.1.1 区域金融风险识别的理论内涵

区域金融风险识别是金融风险识别的缩影,它是金融风险管理的起点,是运用一整套金融专业知识、先进技术和科学方法对经济活动中各种经济主体所面临的风险类型进行分类、定位受险部位、追踪风险源、分析严重程度的连续、系统、综合的识别、判断、分析的过程,也是进行后续金融风险度量,合理选择管理策略提供基础依据的过程,它关系着金融稳定和安全。

（1）识别风险类型与风险源

精准识别金融风险包括对风险类别、风险根源的识别。金融风险类别众多,如市场风险、信用风险、流动性风险及操作风险等。风险类别不同,其表现方式、传导途径也存在差异。针对区域金融风险而言,其风险类别及风险根源也可能因当地经济性质、产业结构、政策等不同而表现出差异性。风险根源就是引起金融风险的病因或动因,风险根源可能存在宏观经济波动、政策影响、供求失衡、金融机构经营管理不当等多方面原因。对金融风险类别的识别和金融风险根源的精准定位,是对金融风险实施精准靶向、对症下药的前提条件。

（2）区域金融风险识别是一项系统工程

区域金融风险识别是一项高度复杂且持续的系统工程。其复杂性主要体现在以下几个方面。

①风险的多阶段性与交织性。区域经济系统内的不同阶层、不同领域风险交织在一起,从而构成一个复杂的"风险网络"。从微观上对金融机构的个体风险到宏观区域经济的整体风险,每一个阶层都存在不同类型的经济风险,在实际经济运行中,它们又存在不同程度的联系和传导。

②部门之间的相互配合性。金融风险并非单独发生于某一金融机构中,而是出现在一个地域的金融机构、政府部门、企业和居民之间。这就需要涉及管理部门、金融监管部门、人民银行等区域金融风险识别的部门在处理工作时紧密配合、协调应对。

③流动性与动态适应性。区域经济环境处于不断变动之中,新的风险点不断产生,原有的风险也有一定的转化或消失的变化。这就要求风险识别机制必须保持高度的流动性与适应性,及时把握风险的动态发展,随时调整识别策略和方法。

（3）连续性与实时性的要求

由于金融风险具有复杂性与动态性特征,金融风险识别具有连续性、实时性。连续性是指金融风险识别不是一个偶然事件或临时任务,而是一种区域经济管理、金融监管的工作常态,是从源头开始到金融经济运行后都需要定期进行的风险识别。实时性要求风险识别系统能够快速响应市场变化,及时捕捉风险信号,为决策提供即时有效的信息支持。

区域金融风险识别是一个多层次、多维度、多主体的综合问题,必须在正确认识金融风险本质的基础上,应用现代化技术和科学手段,对区域金融风险的客观存在做出动态、有计划地识别和分析,才能确保区域经济健康稳定发展的基石坚实而牢固,才能持续完善风险管理机制,提高风险管理水平和质量,更好地应对各个方面的金融风险挑战,维护区域金融的安全和稳定。

4.1.1.2　区域金融风险识别的约束条件与核心原则

在金融市场中,风险暗流涌动,时刻影响着经济主体的稳健性与韧性。为了确保金融体系的平稳运行,区域金融风险识别显得尤为重要。这一过程不仅要求精准洞察潜在风险,还须高效、系统地应对,以最小的成本实现最大的安全保障。基于此,风险识别应遵循以下四大核心原则:实时性、准确性、系统性和成本效益。这些原则共同构成了区域金融风险识别的坚固基石。

(1)实时性原则:紧跟风险变化的步伐

风险就像海洋上的波涛在不断涌动,变换着形状、大小和波向,影响金融风险的经济因素、市场状况、法律法规以及国际状况等因素都在不断变化,所以对风险进行识别也要像战备一样随时保持警醒,紧随风险变化的节拍。

实时性原则是指风险管理部门要根据最新数据对金融风险的发展状态做出动态检测,即在检测和分析各类风险指标数据的基础上,能够及时设立风险预警系统,对风险做出动态的判断,确保财务风险管理策略可以随风险环境的变化进行动态调整,从而规避滞后导致的风险管控缺陷。例如,对于市场利率的波动对金融组合价值产生的影响,风险管理部门应该及时判断并调整资产配置,减少损失。

(2)准确性原则:精准定位,合理评估

准确性是风险辨识的生命。准确辨识各种类型风险、存在的区域和风险源头,能为后期的风险衡量和处理奠定扎实基础,是准确性的应有之义。它不仅关系辨识风险的方向正确、路子正确,而且直接影响风险策略的可实施性。

　　风险识别的前提是要对工作的精准性予以肯定,要求风险识别人员尽可能逐一对每一种工作、每一道流程等进行分析,做到万无一失;又要对该问题的风险水平进行初步判断,不能过大也不能过小,否则可能导致隐患产生,过大可能导致工作被过度管控,过小可能导致潜在问题产生,这样会让问题凸显,高估和低估都是错误的,所以要实事求是地开展,要做到准确、严谨和科学。

　　(3)系统性原则:全局视角,综合考量

　　风险的产生在于整个经济主体经济活动中的每一个环节或每项业务都有可能发生风险。系统性原则是指风险识别必须树立全局观念,将经济主体的所有环节和所有业务纳入分析视野,以显现出风险之间内在的、整体的相互关联关系。

　　这里的实践在操作上就是风险管理部门不仅要研究单一风险点,还要研究各风险点之间的相互关系和风险传导。比如,信用风险产生流动性风险,市场风险会进一步推动信用风险,因而要从多个角度对各种风险因素进行综合识别,实现对风险的整体化绘制。此外,系统性原则还包括按照整体风险状况的变化调整资产组合的构成,达到风险的多样化与分散化。

　　(4)成本效益原则:权衡利弊,优化决策

　　金融风险识别和分析是耗时、耗人、耗资源的行为。但这种投入并非按照无节制、无穷大进行就一定具有无穷大收益。随着识别深入,边际成本呈上涨趋势,边际收益则呈下降趋势。所以风险识别的成本效益原则要求风险管理部门对风险识别的成本和收益进行权衡,从而择取和确定最优的识别深度和识别方法。

　　这一含义在实务中的表现即是,在风险识别方面,应该以效率为导向,在保证正确性的同时尽量减少程序上的复杂性、保证效率。比如,通过在风险管理中使用相关软件和模型实现对风险的自动识别与自动评估;通过将不同的管理部门进行整合,实现有效的信息共享,减少重复劳动和信息不一致性的情况等。当然,成本效益原则的另一层含义是强调风险管理部门在风险管理策略制定与实施的过程中,应当做好成本效益分析工作,确保风险管理部门的风险管理活动有效可控。

　　区域性金融风险识别的四项原则是风险识别中必须遵守的原则,确保风险管理部门能够准确地进行金融风险的识别、监测以及预警,并将风险管理和处置风险落到实处,对经济单位能够正常稳定地发展起到有力的促进作用。

4.1.2　金融风险识别的多维框架与方法体系

4.1.2.1　基于业务特征的金融风险多维识别框架

在金融业,金融风险的区域识别是金融安全和金融稳定的前提。金融机构(包括商业银行)如果能够准确识别金融风险类型和金融风险受险部位,进而深入剖析金融风险成因和风险严重程度,就可以有效管控和降低金融风险的潜在损失。本书将基于商业银行的实践视角,进一步探讨区域的金融风险识别,即金融风险类型与受险部位识别,分析金融风险诱因和风险严重程度。

（1）区域金融风险类型和受险部位识别

作为在金融机构经营过程中必然产生的问题,区域金融风险一方面来源于市场环境、经营内部不良原因,另一方面来源于金融借贷人的违约等。为此,风险管理首先要做的是对金融风险种类及受险位置进行准确的判定。

①从运营过程和业务特征的角度识别。在金融机构的运作中,资金的来源、使用和管理是导致金融风险的关键环节。

a.资金来源。商业银行的资金来源主要包括存款和借款,在存款中,由于客户可以随时支取,支票存款和储蓄存款给银行带来较多的流动性风险;支票存款由于存款利息支付较低甚至不支付利息,因而利率风险小,但流动性风险明显。相比而言,如果市场利率下降,固定利率存款业务容易出现利率风险,且存续期越长风险越大;反之,市场利率升高情况下,浮动利率存款业务可能导致增加融资产生融资成本上升的风险,同样属于利率风险。同时,外币存款业务还可能存在汇率风险,即因汇率波动导致资产价值变化。

举债也存在流动风险与利率风险。同业拆借都是短期资金借款,利率风险较小;向国际金融市场借款会产生外汇风险;回购协议还会因为存在证券价格起伏而出现信用风险。

b.资金运用。商业银行资金运用主要是现金资产、证券投资和贷款业务。银行现金资产的多少关系到银行的流动性,现金资产过低,致使现金资产减少、银行流动性下降;反之,银行拥有大量的现金资产,虽然可以应对流动性风险,但如果市场利率上升就会遭受利率损失。

证券投资类型如政府债券、企业债券以及股票,面临的市场风险主要是投资收益的不确定性,不确定性因素包括宏观经济环境和微观经济行为等许多方面,是相当复杂且难以预测的。

商业银行的贷款业务也是其主要业务之一,但也正因为发放了贷款会产生信用风险,借款人存在违约的可能性。同时,利率变动也会导致商业银行面临市场风险。而贷款资产流动性差,会使商业银行面对流动性风险。

采用金融衍生工具进行远期合同、期货交易等,虽可采用套期保值的办法,但更可能因金融资产价格的负效应而遭受巨大的市场风险,巴林银行的破产就是一个前车之鉴。

c.资金管理。金融公司金融资产管理、金融衍生品套期保值和金融资产负债匹配等业务也可能存在金融风险。套期保值的金融远期和金融期货由未来金融资产价格的不利变动而导致金融公司存在金融资产的市场风险,由金融远期的对手方违约导致信用风险。金融公司为调整金融资产管理头寸而可能存在的流动性不足,也可能会导致金融公司出现金融资产的流动性风险。

②从财务报表的角度识别。财务报表是反映金融机构经营状况的重要工具,通过观测和分析财务报表,可以挖掘出大量关于金融风险类型和受险部位的信息。

a.安全性指标。安全指标主要体现在金融机构的资本实力和资产质量上,比如用资本充足率、核心资本充足率指标反映金融机构资本实力,从而评估机构抵御风险的能力,用不良贷款率、拨备覆盖率指标反映金融机构的资产质量,不良贷款率越高表明金融机构面临的信用风险越大,拨备覆盖率越低则意味着金融机构抵御信用风险的能力越弱。

b.流动性指标。流动性指标主要是测量金融机构的流动性水平。存贷比、流动性比率可以体现金融机构的流动性风险,如果存贷比过高将会面临流动性不足的问题,如果流动性比率过低则表示金融机构在处理短期资金需求时存在一定的困难。也可以通过分析金融机构的负债结构、资产变现能力等来反映机构流动性风险水平。

结合安全性指标和流动性指标对商业银行的各种金融风险进行识别,如当资本充足率降低、不良贷款率升高时,可视为商业银行存在较为严重的信用风险、流动性风险;当流动性比率降低、存贷比升高时,则表明商业银行流动性不理想,须进行处理,以提高商业银行的流动性。

（2）区域金融风险诱因与严重程度识别

在金融领域中,区域金融风险时刻考验着金融主体和金融管理。对区域金融风险的控制,既要明晰金融风险的形态和金融受险区域,更要明晰金融风险的诱因和金融风险的严重程度。本书从金融受险区域诱因识别和金融风险严重程度识别两个大方面对区域金融风险的识别进行分析,为科学有效地制定区域金融风险管理策略提供依据。

①金融风险诱因的识别。金融风险是金融发展之"病毒",往往潜藏于千变万化的经济之中。不同的金融风险因素诱因也不同,同一种金融风险可能由多种因素促成,这就要求正确认识金融风险因素,这也是实现对金融风险科学化治理的关键。

a.金融产品价格风险的诱因。金融产品价格风险是指因金融产品价格变化的不稳定性而导致的金融产品风险。而金融产品价格变化的不稳定性则是由金融产品的供求状况不稳定造成的。金融产品的供求状况不稳定又受国家的经济金融政策及经济状况影响,比如一个国家经济财政进行货币紧缩会导致市场上的资金价格升高,就有可能引起金融产品价格下跌,形成价格风险;金融机构经营管理水平、金融投资渠道和方式以及人们收入及风险承受能力的变化等也会影响金融产品的供给与需求,从而产生金融产品价格风险。

b.利率风险的诱因。利率风险是由利率的不确定性风险所引起的。利率波动,受整个市场上的资金供求关系影响,而资金的供求关系受到许多因素影响,如货币政策、财政政策、通货膨胀率、经济周期、汇率水平、利润水平等。例如,目前经济过热,央行提高利率抑制通胀,将导致金融机构融资成本增加,引起利率风险。又如,技术进步、成本等发生变化都将改变公司的利润水平,引发企业对融资的贷款利率变化。

c.其他金融风险的诱因。除上述风险外,金融机构还会遇到信用风险、流动性风险等诸多风险。其中,信贷风险可能会因借款人财务状况和还款动机等方面所引发,流动性风险与金融机构资产负债比例和市场流动性情况等都有关系,这些风险背后的原因也是多元、多样的,都要求金融机构和监管机构甄别其成因。

②金融险严重程度的识别。在准确识别金融风险诱因的基础上,需要进行金融风险准确度量,即对金融风险发生的概率和损失进行分析。

a. 风险发生可能性的评估。风险发生可能性是衡量金融风险严重程度的关键因素之一，它需要考虑的因素包括金融风险类别、风险项涉及的范围、风险敞口大小、业务特性等。比如，对于市场风险，我们要根据金融产品价格波动历史、市场走势、宏观经济环境等内容来初步判断风险发生的可能性。对于信用风险，我们要了解借款人信用历史、还款能力等事项来判断借款人违约发生的可能性。

b. 潜在损失大小的评估。损失严重性即分析未来可能的损失大小，如金融机构的风险承担（暴露）程度、风险敞口、风险承受能力等，对金融机构的风险采取定量定性分析方法。以市场风险为例，分析金融机构在金融产品的价格变化中可能遭遇的损失，对金融机构信用风险分析需要考虑的指标则是借款人违约对金融机构造成的损失和金融机构的资本水平、资本充足性等。

除以上的评估要求外，在对金融风险严重程度进行认定的过程中还需要注意：一是要对所有的风险因素进行全面综合考虑，不能太片面；二是要使用科学的方法模型进行评估，保证评估结果的合理性、可靠性；三是要对金融机构的实际情况和风险承受能力进行有针对性的个性化评估，防止简单粗暴。

总之，区分地区性金融机构的金融风险诱因及严重程度需要相关人员有较高的金融专业素养，通过经济活动表现分析金融风险问题的发生规律与特点，并据此采取更加有效的相关防范措施，从而促使金融业保持健康的发展状态。

4.1.2.2　区域金融风险识别的方法体系构建

风险识别是金融安全和金融稳定的前提，在区域的金融环境中，由于经济活动的复杂化、多样化等特点，金融风险的识别尤为重要。金融风险的客体类型丰富，同时又在不断变化，风险识别的主体也应当充分利用不同的方法，并根据实际情况动态、合理、及时地做出变化。下面主要对区域金融风险识别的主要方法进行阐述。

（1）现场调查法

现场调查法是指风险识别主体通过走访、实地考察可能产生金融风险的各个部门、机构，甚至是各个经营环节，直接获取信息，通过交流访谈，把握事物本身。这种方法可以获得第一手真实材料，准确识别金融风险。在金融风险管理工作实践中,此种方法得到广泛运用,是对隐藏风险点的一种有效的识别手段,其得出的结论可以成为风险评价和风险控制的有效基础。

(2)问卷调查法

问卷调查法又称为审核表调查法,是一种可以替代现场调查法的调查方法。由于此种调查方式避免了现场调查烦琐、耗时等弊端,只需要设计调查问卷,让现场工作人员填写即可收集相关调查信息,既节约人力物力,又能全面、客观。如何设计问卷是关键,需要涵盖金融风险的各个方向,并且问题应该具有针对性。通过调查问卷,风险识别主体可以快速获得大量的数据,进而找出潜藏的金融风险点。

(3)组织结构图示法

组织结构图示法是通过经济主体的组织结构图表描绘经济组织图示系统,从中揭示潜在金融风险。采用组织结构图示法主要分为4个步骤,如图4-1所示。

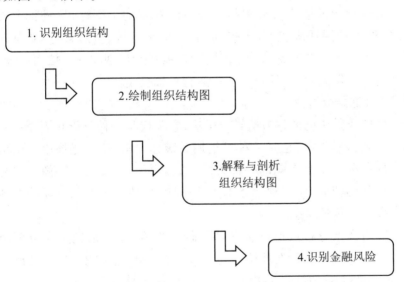

图4-1 采用组织结构图示法的步骤

(4)流程图法

流程图法是通过详细分析、识别和描述金融风险,其基础就是从对业务活动进行逻辑关系分析、把握的角度出发,借助各种流程图的形式,通过体现业务活动的总体轮廓及其运行结果,从业务整体、全过程视角进行相关风险因素的识别。

在实际操作过程中，可以根据不同的业务活动特点、复杂情况和独特性，量身打造流程图。比如，面对生产制造型企业可以绘制生产流程图，对原材料的进购入库、生产加工、品质检验、成品出库整个流程中的每一个环节进行标注，这样有利于发现生产过程中的成本增加、生产效率低下或产品出现低劣的风险。

对营销职能而言，营销流程图是观察市场需求变化的有力工具，自市场调研、市场方案策划、产品方案展示、签订销售合同、送货、售后反馈开始至收尾，营销流程图环环相扣，让我们及时捕捉到销售业务低效、客户沟通不畅、物流配送不达标的蛛丝马迹。

会计流程图确保会计核算工作做到有理有据。从填写原始单据，进行填制会计账本、制作财务报表，到外部的会计部门进行查账等，每一个会计程序具有严密的逻辑关系，从而为企业的财务处理做好信息反馈，容易看出该企业中是否存在财务造假、企业资金出现渗漏或是否存在纳税等方面的税务风险。

金融行业的放贷流程图是信贷风险控制的一杆秤，从贷款发放申请、贷款人信用评级、贷款人授信、贷款资金发放、贷后管理，放贷流程图中的每一个环节都是一个"秤砣"，帮助我们识别和规避信用风险、操作风险及市场风险等，使金融业务运行更加稳定。

（5）幕景分析法

幕景分析法也被称为情景分析法，它不仅是一种分析和判断风险发展态势的科学方法，也是一种可挖掘关键性因素，精细化描绘未来可能带来的各种结果和影响的一种思维方式。每一个幕景图都像一幅写满未来风险的蓝图，用直观化和形象化的图表、曲线等描画出风险主体在未来呈现的某种状态。

采用幕景分析法所产生的结果较为丰富，概括来说主要有两个方面，第一个是静态的、对风险主体在今后某一时点可能发生的情况的刻画，其本质是一种静态的快照，展现了风险主体在某一时点的状况，体现了风险主体在未来某一时点面临的挑战及机遇。第二个是动态的、对风险主体在未来某时的发展过程，或者一系列变化的链进行的描述，其本质是一种时间的片，展现未来几年甚至更长一段时间内，风险主体随着各种内外因素发生变化所发生的起起伏伏。

采用幕景分析法，首先要收集、整理许多相关的数据、曲线与图形资料，将资料整理形成分析的基础；在此基础上，开始制定未来的初始描述，也就是画出一幅未来的简图，需要提取潜在危险的因素及其影响。

其次，不仅要知道现在状态下风险主体在干什么，而且要知道在未来状态下当风险主体的风险诱因发生某些微小变化时，它能干什么、需要干什么、如何适应变化。换言之，我们需要更高的敏感度，及时发现那些可能导致风险发生的蛛丝马迹，分析出对风险的承受损失。

在使用幕景分析时，我们可以更好地掌握风险的特性及规律，可以在发生风险前制定并选择更加准确的应对方案，这也是幕景分析与其他方法的不同之处，因为它可以让我们不仅仅被动地接受风险，还可以提前管理风险及防范风险，使我们未来面对风险时能够更加从容。

（6）模糊集合分析法

模糊集合分析法是以模糊数学为基础的对难以捉摸、难以定性和定量的复杂的模糊性事物的一种全新的分析方法。因此，运用模糊集合分析法进行分析，首先要弄明白什么是"模糊事物"，简言之，模糊事物是一种无法用明确的客观语言或标准进行描述与度量的事物，其特性是模糊的。

仍以金融风险为例，如果我们对放款对象的信用风险进行评估就会发现，信用本身就是一个很模糊的概念，借款人的"信用"涉及其还款意愿、还款能力、历史记录等方面，而这些方面往往难以用一些具体的量来表达。同理，在金融机构存在的流动性风险方面，同样难以进行精确的估计，流动性风险大不大、危害多少、持续多长，都受各类复杂因素的共同影响。

模糊集合分析法就是为了处理上述的模糊性问题而提出的。它是对模糊数学的一系列理论及方法的借鉴和采用，它把模糊性这一难以捉摸的东西变成了可以量化、分析和处理的对象。在模糊集合分析法的范畴内，运用模糊模式识别法识别和判断具有模糊特征的对象；采用模糊聚类分析法探索不同对象之间的模糊关系，并根据聚类分析的结果将对象划分为不同的类别；通过运用模糊综合评判法综合考虑多种模糊因素，对某一项对象、某一件事情进行全面而客观的分析、判断。

模糊集合分析法并不仅仅适用于金融风险评估，我们还可以在其他存在模糊问题的领域中使用，例如，市场中的分析、决策和图像等，这可以使我们更加清晰地对一些模糊、难以捉摸的事物有更好的了解，从而更加科学、合理地做出决策。

（7）故障树分析法

故障树分析法把出现的故障作为一个系统，通过层层向下剖析，把此系统中的故障系统分为若干小系统、易懂易解的小故障、小原因，直至查出全部结果。

故障树分析法的最大优点就在于它的普遍性和实用性。面对复杂的大型系统，它的风险描述和风险识别的作用是无与伦比的。不管是航空航天领域，还是机械加工方面，包括电力系统、通信系统、计算机网络等，都能用该方法对系统运作过程进行分析，并且能找到很多影响系统安全的重要因素。

由于这种方法需要深厚的理论基础和确凿的事实依据，因此，在建立故障树的过程中，要依据实际运行和历史状况严格筛选确认不同层次上的不同故障、不同原因，从而体现出可靠性，并可以真实代表系统的现状。

但是，故障树分析法也有不足之处。这个方法学习、掌握起来花费的时间多、精力大，这对一些时间紧、任务重的工作者来说，显然有点难度。另外，故障树分析法的精确性很大程度上取决于我们对每个层次故障和原因的判断是否正确。如果在某处或某层次发生差错，会使整个故障树分析偏离正确方向，得出的结论与事实不符。

4.1.3　区域金融风险识别的困境与挑战

区域金融风险识别是预防和应对金融风险的源头工作，在现实中，受诸多因素的影响，依然存在许多问题，影响了风险识别的准确性与及时性，从而威胁区域金融的稳定。区域金融风险识别主要存在以下问题。

（1）法律法规与监管滞后

地方金融的发展速度越来越快，金融创新日新月异，这就要求立法立规和规范治理措施的设置须时刻保持紧绷的神经，跟上形势的变化。目前的问题一是一些新型金融业务尚无有效监管覆盖，空白之处有待填补；二是现行法律法规跟不上实际，监管工具、监管措施难以完全满足新型金融风险的防控要求。

（2）信息不对称与数据不足

区域金融风险识别必须具备真实、全面的信息，然而现实中监管者与被监管者之间存在严重的信息不对称现象，使得金融机构之间各部门、金融机构与监管部门之间、金融机构与市场参与者之间信息沟通不及时、不完整,进而加大了风险识别的难度,加之数据统计口径差异性、数据完整性等问题,造成风险识别的准确性大打折扣。

（3）风险识别方法具有局限性

尽管当前具有多种形式的风险识别方法,但是无论在运用上还是实用性上都有一定的局限性,比如传统的风险识别方法有现场调查法和问卷调查法,利用这种方式进行风险识别时,可以获得比较直观的数据,却费时费力且无法覆盖全部风险点,而一些先进的分析方法,例如模糊集合分析法以及故障树分析法,虽然在理论依据上都具备一定的优越性,但是对数据或者模型要求严格,操作烦琐,在实际中无法广泛运用。

（4）指标体系不完善

区域性金融风险预警指标体系是进行金融风险识别的主要手段,但也存在指标不尽完善、指标权重与指标阈值主观性强、指标体系区域性弱等问题。

（5）金融机构内部控制不足

区域金融机构盲目扩张和无序竞争、内部控制制度不健全是积累和加剧区域金融风险的重要原因。金融机构盲目追求经济利润,忽视风险,造成风险抵御能力较弱,以及金融机构内控制度与激励机制相脱节的现象较为突出,难以进行风险识别和控制。

（6）区域间风险传导具有复杂性

流动性、地域性资金运动频繁,金融风险主要依托债务链、金融市场等途径向区域范围外进行快速传递。但目前存在的风险识别体系尚不能将跨区域风险的输入和输出进行识别和防御,使区域金融风险的应对难度加大。

（7）金融新业态带来挑战

随着互联网金融、民间金融等金融新模式的崛起,新模式所特有的金融风险特征与传统金融风险之间展现出很大的差异性。但是金融风险识别机制对当前金融新模式的覆盖不全面,未能有效地甄别与应对新模式的金融风险,如虚拟货币、P2P平台相关事件层出不穷,但在金融风险监管与风险识别方面还是略显滞后。

（8）地方金融监管部门履职能力受限

地方金融监管部门作为风险的识别和防范部门,其履职能力受到诸多影响。一方面,缺乏执法权和处罚权,地方金融监管部门不具备对非法金融行为实施制裁的能力；另一方面,地方金融监管部门人员不足、业务缺乏专业性,无法应对金融风险。

（9）跨部门协调机制不完善

治理区域金融风险需要多部门协调配合,但目前难以建立多部门协调机制。例如,对于P2P、互联网金融等金融业态的区域金融风险,各部门缺乏沟通协同的机制和监管联动机制,监管的空缺、监管的重叠同时存在。

（10）风险识别的动态性不足

地域性金融风险具有变动性,现有的风险预警机制多不具备变动性,当市场经济环境快速发展时,风险预警机制不能得到相应的变动,则会造成对新风险的预警落后,风险预警机制并不能为风险预警提供实时有效支持。

做好地区金融风险的识别是控制地区金融风险的重要一环,然而,当前地区金融风险识别过程中还存在法治理论和实践落后于实践、信息不对称、地区金融风险识别方法单一、指标体系不全面、金融机构内部控制不健全、地区风险相互传导的复杂性和地区金融新业态的冲击、地区监管部门职能不能有效发挥、地区政府相关部门之间协调不畅与地区金融风险识别的动态性不够等问题,使得地区金融风险的识别不到位,金融风险的防控不能做到及早发现问题,有针对性地采取防范手段,影响地区金融稳定和经济健康运行。因此,必须着力做好地区金融风险识别体系的完善工作,提高金融风险识别的水平。

4.1.4 新经济环境下区域金融风险识别的创新

4.1.4.1 数字化视角下的区域金融风险识别变化

数字金融技术的兴盛对区域金融风险识别产生的作用更加明显,对金融风险识别技术的影响集中在地方政府债务等维度。数字金融技术的应用对地方政府债务风险的识别产生巨大的作用。

（1）风险识别的智能化与精准化

金融科技借助大数据、人工智能、机器学习等技术手段,可通过对海量金融数据的即时监测、统计,从而更加精准地评估地方政府的债务风险,如金融机构凭借大数据平台将地方政府债务的资金用途、财政资金收支、项目收益等相关数据整合在一起,基于智能模型对地方债务风险进行动态评估,并因此提高风险识别的准确性与效率,减少由于信息不对称引起的误判现象。

（2）风险预警的前置化

传统的政府债务风险识别采取事后分析,无法实现债务风险的事先预警。数字金融运用"危机先导法"等技术实现债务风险事前预警,提早预测债务发生的风险信号。例如,通过将预警指标提前两年运用"噪声信号比""效用值"等判定标准,比较不同先导指标在之后债务风险危机预警中的表现程度,预判更易成为政府债务风险信号的先导指标,从而更加科学和客观地识别债务风险。

（3）风险识别的空间溢出效应

数字金融提高了区域金融风险的空间相关性,金融风险识别必须考虑空间溢出效应。数字金融对当地金融风险有正向抵消作用,但会对周边地区产生负向溢出效应。空间溢出效应说明,金融风险识别不能仅考虑本地情况,也要顾及空间溢出的传导机理。

4.1.4.2　绿色化视角下的区域金融风险识别变化

（1）绿色转型风险的识别

在绿色化转型过程中,区域金融的新型风险体现出以下特点:传统产业绿色化转型的高资金需求可能会加重企业的债务负担,造成信用类风险,绿色金融标准不够健全与政策不确定性会增加金融机构的合规风险。因此,要求金融机构提升对于绿色转型相关风险的识别能力,对绿色转型相关的新型风险专门构建风险评估模型。

（2）环境风险与金融风险的联动识别

发展绿色金融提升环境风险与金融风险的关联性。数字金融基于融合后的环境数据及金融数据,可识别环境变化对金融资产产生的影响。比如,基于环境风险评估模型对环境变化(极端天气情况、环境污染等)进行地方政府债务风险及企业融资风险评估,提升风险识别的全面性和绿色金融的可持续发展。

（3）绿色金融创新风险的识别

绿色金融创新发展带来的新型风险管理,比如针对绿色债券、绿色信贷等绿色金融创新产品的市场接受程度及风险类型特征还未完全厘清,金融机构需要加强对绿色金融创新产品的风险认知和识别,建立完善的风险评估机制,从而推动绿色金融的可持续发展。

4.1.4.3　全球化视角下的区域金融风险识别变化

（1）跨境金融风险的识别

在经济全球化的背景下,伴随着区域经济一体化和金融体系日益开放,各类跨境的金融交易频繁且多元化,容易引发相应的跨境金融风险,做好跨境金融风险的识别将是一项艰巨的任务。一方面,跨境金融业务种类繁多,涉及多个币种和多种市场。另一方面,跨境金融交易常伴随着繁杂的金融衍生品交易,风险识别具有较大难度。商业银行应建立全面风险监管体系,关注汇率、国际资金流动、跨境融资等高风险领域,及时识别汇率的频繁波动对企业清偿短期外债能力的影响,加重企业的债务负担,汇率波动还将通过企业的盈利水平和资产价格变化间接引发企业的信用风险事件。另外,由于国际资本流动频率高,带来巨大压力,极易对区域金融市场形成巨大冲击。

（2）外部冲击与系统性风险的识别

经济金融全球化使各国相互之间的依存度产生显著变化,使区域金融市场的开放性更加明显,其对外开放的风险也越来越多地受到来自外部的突发事件的影响。这些突发事件可能来源于全球经济增长下滑、贸易保护主义、地区和国际社会安全事件等,通过国际贸易影响商品需求,通过外国投资者影响资本流动,通过主观心理预期影响市场预期,最终叠加后将形成为不可小觑的力量冲击区域金融市场。金融机构在应对区域金融市场系统性冲击过程中,须通过对外部冲击的甄别,实现跨部门、跨市场信息共享,以及将大数据、人工智能系统性风险的预警、识别、分析,特别是跨境金融系统的风险评估融入日常管理中。

（3）全球金融市场的联动性与风险传播

全球金融市场的金融风险事件从金融活动单向关联到多向关联,体现了全球金融市场风险的共振,即一个国家或地区的金融风险事件通过金融市场的相互联系,以及金融市场活动参与者的反应行为,即可以在全球范围内进行传播,形成跨区域的金融市场金融风险共振局面。对区域金融风险判断应充分考虑全球金融市场风险共振影响效应,不可以用单一资产或单一金融市场来单点定位区域金融风险点。因此,需要金融机构与监管机构加强沟通协调,合力建立起覆盖全球,利用金融科技手段对全球金融市场风险及时监控和深度分析能力。

通过建立全球风险监测预警信息网络,强化快速监控和对风险源识别,即时发现跨境风险事件,分析判断跨境风险事件对区域金融市场的影响,发挥跨区域监管机构的协调作用,共同制订出应对跨境金融风险的有效措施,管控好金融风险事件的扩散和爆发。同时,通过国际国内机构加强协作,完善跨国金融监管法规,提升全球金融市场的稳定性和抵御风险能力。

4.2　区域金融风险防范与控制体系的构建与优化

4.2.1　区域金融风险防范与控制的策略与原则

4.2.1.1　区域金融风险防范与控制的多元化策略分析

（1）金融风险分散策略

在区域金融投资中,风险与收益相伴而生。为了降低风险,投资者常采用风险分散策略,即通过多样化投资来降低潜在损失。

风险分散是指"不要把鸡蛋放在同一个篮子里"。投资风险划分为系统性风险和非系统性风险。系统性风险是由宏观经济因素引起的风险,如经济衰退、通货膨胀等,系统性风险是影响所有投资者的风险;非系统性风险是由于特殊因素造成的,比如企业经营管理不当等,非系统风险可以通过分散投资达到降低风险的目的。马克维茨的资产组合理论认为,只要资产收益率之间不完全相关,就可以通过分散投资降低风险。

区域金融风险分散的基本方法如下所述。

①投资于不同资产类别。投资者可以将资产配置于股票、债券、房地产等,由于不同资产收益波动性、相关性各异,通过组合配置,能够减少单一资产收益波动所带来的风险。

②投资于不同行业和市场。同一资产类别内也可以实行分散投资的方法来降低风险,比如把资金投资在不同的行业（如金融行业、科技

行业、医疗行业等）、不同的市场（如国内、国际）。不同行业和市场对经济的因素不同，股价的波动相关性不强，同样会起到降低风险的作用。

③专业化分散投资。一般投资者的投资需要相应的专业知识和技术、资金。基金的分散投资是一种分散投资的有效途径。基金的管理人是专业管理人，基金投资的是资产组合，可以依据投资人的风险偏好构建不同风险特征的投资组合，实现风险分散。

需要指出的是，分散投资虽能降低风险，但无法完全消除风险，且会产生一定交易成本。

多元化投资对于金融机构与投资者来说意义都是十分重大的。对于金融机构来说，为了减少信用风险而进行多元化投资。例如，商业银行可以通过资产证券化或银团贷款实现借款人向多样性转变，进而降低借款人违约的风险。对于投资者来说，建立多元化投资结构可以在不对投资者的预期收益产生太大的影响下使得投资风险大幅降低。

然而，风险分散也有成本，如交易费用。但从长期看，其成本远低于潜在风险损失，是一种经济有效的风险管理策略。

（2）金融风险对冲策略

金融风险对冲技术也是金融行业应用的主要风险管理方式之一，主要指的是通过投资或者购买那些与标的资产收益变化具有相反变动趋势的资产或者衍生品，与可能会产生的风险损失相抵。财务风险对冲技术在区域金融风险经营管理中具有非常重要的意义，它不但能够帮助风险经营机构获得较为理想的系统性金融风险的管理效果，而且能根据不同投资者的风险偏好，通过调整对冲比例来优化区域金融的风险管理效果。

对冲是指通过投资或购买与标的资产收益波动负相关的某种资产或衍生品来冲销风险的管理行为。对冲的方法有很多，其中资产组合、不同货币结算、战略多角化经营以及套期保值是非常典型的例子。对冲也分为风险对冲和市场对冲两种。风险对冲是通过该家金融机构自身的资产负债表或某种收益与标的资产的收益呈负相关的其他资产或金融衍生品，对冲风险行为。市场对冲是通过在衍生品市场上寻找相应的衍生品来进行对冲的行为，冲销的是剩余的部分不能通过资产负债表调整的风险。

对于风险对冲，大多数人想到的便是对冲基金。它是一种通过对冲操作降低风险的基金，通过使用期货、期权等金融衍生工具等方式进行操作的基金。但由于潜在风险大,通常对冲基金并不作为公募的共同基金,而只是一类私募基金。20世纪50年代初,对冲基金诞生于美国,采用期货、期权等金融衍生工具对冲。20世纪80年代,金融自由化的发展使对冲基金飞速成长。2011年,全球对冲基金的总资产已达11万亿美元。

进行风险对冲的主要方法有股指期货对冲、商品期货对冲、统计对冲以及期权对冲。

股指期货对冲是套利者运用股指期货市场和股票现货市场的不合理价格差别,套利策略分为在两个市场上同时进行交易、交易不同时间期限或不同类别的股票指数合约。对冲策略有期现对冲、跨期对冲、跨市场对冲和跨品种对冲。

商品期货对冲与股指期货对冲有很多类似的地方,是指在买进或者卖出一种商品期货合约的同时进行另一种期货合约数量相等但方向相反的卖出或者买入操作,并同该期货合约按期完成同时的平仓交易。相对于套期保值,商品期货套期仅在期货市场进行而不在现货市场进行,主要有期现对冲、跨期对冲、跨市场对冲以及跨品种对冲等主要策略。

统计对冲利用证券价格的历史统计规律进行风险套利,主要是找出价格最相关的几个投资品种,以及这些投资品种间的长期均衡关系(协整关系),然后在价差偏离均衡关系时实施买卖,在价差回归到均衡关系时就可以获得回报。统计对冲的主要方式有股票配对交易、股指对冲交易、融券对冲交易、外汇对冲交易。

期权也是一种金融衍生工具,即允许期权购买人按一定的价格购买或者卖出一定数量的某种资产,而期权出售人必须兑现这种买卖的一种合约,期权的特点是权利范围可以是无限的,但其可能承担的风险是有限的。最常见的对冲期权分别是股票指数期权、债券期权、股票指数期货和利率期货。例如,利用股票指数期权,使投资者在一定时间(一般为一个月)之内行使其期权,从而获取指数市值与期权兑现价的差距。利用联邦政府债券利息变化进行的债券期权来对冲投资债券的风险。

风险对冲是用于控制利率、汇率、股票、商品等方面的风险。随着金融衍生产品的发展,也逐渐将风险对冲用于信用风险的管理。相较风险分散,风险对冲不仅可管理风险中的系统性风险,还能在投资者愿意承担风险程度和偏好下,根据对冲比例将风险降至合适程度。风险对冲策略的关键是决定对冲比例,而对冲比例直接影响了风险管理效果和成本。

比如,期权在防范汇率风险上有一定的作用,可是存在期权费,投资者在对冲风险的过程中就要考虑期权费以及期权带来的收益,避免对冲反而增加成本。因此,对冲风险尽管有一定的优势,也需要投资者酌情利用,防止增加过多的成本。

（3）金融风险转移策略

风险管理中的风险转移就是通过一定金融产品或措施将风险和相关的财务后果转移给另一家经济实体的金融风险管理手段。当运用传统风险分散方式不能有效消除系统性风险时,风险转移是更具针对性和有效性的风险管理技术手段。系统性风险产生的原因是由于存在一个共同的影响因素,非风险分散方式能够起到降低风险的作用,而只有风险管理中的风险转移才能更有效地化解风险。

风险转移主要分为两种:财务型非保险转移和财务型保险转移。财务型非保险转移大多依靠签订经济合同的形式,将风险转移给其他主体,典型的财务型非保险转移方式包括租赁合同、互保合同及基金制度等,其通过在合同中确定各方的权利与义务将风险以及由此带来的财务后果转移给合同的相对人。

相较而言,财务型保险转移是以保险合同为基础,通过订立保险合同把风险转嫁给保险人,投保人缴纳保费后,将发生的风险转移给保险公司,一旦有风险事件发生并给当事人造成损失时,保险公司在合同约定的范围之内承担损失赔偿责任。由于保险有分散风险、提供经济保障的作用,所以是常用的风险转移方式。不过并非所有的风险都可以通过保险来转移,可保风险也需要具备一定的条件,如风险具有可预测性、损失额可计量等。

需要指出的是,风险转移也可能带来新的风险。在主要由投资者和银行中介组成的市场中,投资者有可能借助违约将投资风险转移至银行。当合同存在漏洞或者违约成本低时,投资者可能倾向于利用大量银行借贷投资高风险资产,这时资产价格会有泡沫,随后一旦泡沫破裂,投资者的大量违约会给银行带来巨大冲击,也可能导致银行面临危机。

金融风险转移的方法根据风险类型的不同而有所差异。以下是一些主要的风险转移工具和方法。

①信用风险转移。信用风险转移途径有贷款转让、资产证券化、信用衍生产品等。贷款转让即把贷款资产出售给投资者从而转移信用风

险。资产证券化是将缺乏流动性的贷款资产形成资产包并在市场上销售而转移信用风险与转换流动性的方式。信用衍生产品是用合约的形式将信用风险转移至投资者的较为复杂的金融工具。

②市场风险转移。市场风险转移主要是利用金融工程和衍生工具来实现，通过使用互换、远期等衍生工具对冲市场风险，把可能面临的损失转嫁到另一市场参与者身上。同时，公司还可以调整原料供给渠道，在销售地办厂生产或者调整外汇进出流，来实现市场风险的管理。

③操作风险转移。操作风险转移工具主要包括金融操作业务外包、保险以及保险衍生工具等。将某种特定的业务流程外包给外部机构是操作风险转移的一种手段。保险是传统的风险转移的方式，通过支付一定的保险费将可能损失转移给保险公司。保险的衍生产品是更加灵活的风险转移工具，提供了可以针对特定需求安排风险转移的产品。

金融担保指的是担保合约是风险承担者（担保人）承担风险转移者（债权人）利益的保障，在担保中，任何一方当事人都可以根据双方需要，灵活制定一种抵消对方风险或免除相关风险暴露的合约，以承担相应风险。银行和其他金融机构会在授信业务中利用第三方担保形式进行风险转移，降低信贷风险。

资产证券化是一类新的融资工具，也是较好的风险转移方法。资产证券化是将流动性较差的资产证券化的一种过程，在提升资产流动性的同时实现了风险转移和风险分散。发起人在进行资产证券化时，会将待证券化的资产出售给 SPV，然后再根据这些资产产生的现金流发行有价证券，进而将这些资产的风险转嫁给众多的投资者。

金融风险转移策略有助于有效降低风险承担者的风险敞口，通过风险的转移实现分散和降低风险，提高金融系统的稳定性，有助于经济的良性健康发展，优化资源配置。

但是，风险转移也具有一定的局限性：

①并非所有的风险都能转移到别人手中。有些风险由于信息不对称、道德风险、法律障碍等原因而导致转移失败。

②风险的转移可能会带来新的风险。比如，在资产证券化过程中的某些资产池质量低劣、市场条件等的变化都会导致证券化产品的违约风险增加。另外，过分的风险转移也会降低金融机构自身管理风险的能力，使金融体系更加脆弱。

因此，在进行金融风险转移策略时应谨慎考虑风险转移的利弊，以及完善相关的监管法规和制度,规范风险转移行为,以确保风险转移的合法有效性。采用合理的风险转移策略,不仅可以帮助金融机构对风险更好地进行控制以获得更多利润,还可以推动经济稳定发展。

（4）金融风险规避策略

风险是金融市场中无处不在的存在,投资主体和金融部门经常面临风险问题。金融风险规避策略是提前通过各种有效的方式预防和规避金融风险的发生,防止损失进一步扩大,从而最终保证投资者投资资金和金融部门资金的安全性和流动性,提升资金的回报率。

风险规避可以理解为利用计划的选择和改变或采用某种保护措施,以期降低风险发生概率和损失程度的一种手段和方法。它的作用是有限的,不可能做到完全的风险回避。金融风险规避策略有以下几种。

①彻底避开风险:通过舍弃或拒绝高风险的业务活动来规避风险源,尽管可能会失去收益的机会,但可以保证资产的安全。

②风险损失控制:通过优化内部管理、加强风险控制机制,降低损失发生的概率和程度。

③转移风险:利用保险、合约等手段,将潜在损失转移给第三方,减轻自身负担。

④自留风险:在评估风险可承受范围内,有计划地承担风险,以换取潜在收益。

金融风险规避策略贯穿企业金融、财务活动的各个环节,针对不同风险类型,应采取不同措施。

①资金风险的规避。

a.加强自有资金管理。严格审批借支款项,确保资金使用的合理性和合规性,并及时催收欠款,避免资金闲置或流失。

b.优化资本结构。合理搭配债务资本和自有资本,选择总风险较低的最佳融资组合。通过科学的资本结构设计,降低企业的综合融资成本和财务风险。

c.合理安排长短期债务。注重长短期债务结构合理搭配,避免集中偿还本金和利息,导致企业面临资金周转的困境,应通过企业债务期限结构的合理化搭配提升企业债务偿还能力。

d.拓宽筹资渠道。提高资金使用效益,避免过度依赖单一融资渠道。多元化筹资渠道可以增强企业的资金流动性,降低融资风险。

②投资风险的规避。

a. 谨慎投资。在确保自身资金运转良好后再考虑对外投资,避免因投资失误导致资金链断裂。

b. 制订严谨的投资计划。进行科学的投资回收评估,确保投资项目的可行性和收益。通过详细的市场调研和财务分析,降低投资决策的盲目性。

c. 构建合理投资组合。追求收益性、风险性、稳健性的最佳平衡。通过分散投资,降低单一资产波动对整体投资组合的影响。

d. 加强证券投资风险研究。深入研究市场动态,减轻和抵消风险影响。比如,运用技术分析和基本面分析来增强投资决策的合理性。

③资金回收风险的规避。

a. 利用"5C"系统评估客户。制定合理的信用政策,让客户的信用水平满足自己的要求,在对客户的信誉、能力、资金、抵偿能力和财务状况等进行考察后,降低应收账款风险。

b. 权衡现销与赊销。确保赊销盈利超过成本。通过合理的定价策略和信用政策,平衡现销与赊销的比例,降低资金回收风险。

c. 定期编制账龄分析表。监督应收账款的回收情况,及时发现潜在的坏账风险。通过账龄分析,企业可以采取有针对性的收账措施。

d. 针对不同客户采取差异化收账政策。平衡企业与客户的关系,在收到账款的同时注意不要伤害与客户的感情。对风险型客户可以实施更加严格的收账政策,但对质量型客户可以适当放宽收账政策。

④收益分配风险的规避。

a. 控制现金流入。制定合理的收益留存和利润分配政策,确保企业有足够的资金用于再投资和运营。

b. 根据企业发展需要分配利润和现金。采取合理的利润分配政策来兼顾股东利益与企业中长期发展。比如,初创型企业适当降低现金股利而增加留存收益以支持企业的发展。

金融风险规避是金融消费者和金融机构应有之意识,是一种"进攻中的防守",或曰"防守中的进攻",即在积极进攻时提前约束和控制风险,保证获得收益;或曰"在可能的亏损中保有财富"。金融市场上充满了赌徒,因此,风险规避策略时刻告诫投资人要懂得进退有度。

充分利用风险规避、风险分散、风险对冲、风险转移等方法,构建科学有效的风险管理策略,是面对金融市场风险保持风险可控、取得稳健收益的重要基础。通过不断优化风险管理手段,投资者和金融机构能够在激烈的市场竞争中立于不败之地,实现可持续发展。

4.2.1.2　区域金融风险防范与控制的原则探讨

区域金融风险控制是保持区域金融稳定、经济发展的重要部分,区域金融风险的控制需要根据复杂的金融环境,制定科学、合理的区域金融风险控制策略,核心基础在于科学有效的原则系统。在风险控制原则系统中,其对于区域金融风险控制而言,是理论与实践的一对"双生子",保障区域金融能够在灵活多变的环境中继续保持相对稳固。

(1)预防性原则:构建全周期风险防控机制

进一步强调治理区域金融风险的逻辑应由"救火"(事后)到"防火"(事前)。采用"动态监测＋压力测试"的方式获取早期预警的前瞻性和及时性能力。比如,长三角某市构建的产业衰退预警机制,综合利用当地 GDP 增长率、企业负债比例、不良贷款率等 12 项量化指标,提前半年检测到本地区传统产业信贷市场挤出的苗头,促使当地城市政府成立产业发展转型补偿专项基金,及时防范当地产业风险引致区域信贷危机的爆发。这反映了国际清算银行(BIS)倡导"逆周期性调控"的主要精髓——在顺周期盈利增长中积累风险缓冲准备金,采用分级监管(如"黄—橙—红"三色预警)模式干预高风险金融机构的资本补充、业务收缩等行为,将风险管控关口继续前移。

(2)系统性原则:统筹风险传导的全局关联

地方市场偏高金融风险具有扩散效应,需要形成融合共治。就"城投债—城投公司—房地产业"的风险转嫁链条来说,"2024 地方穿透型监管审计查实城投公司隐瞒真实贸易合同给房企输送专项债资金,造成地方隐性风险和房地产市场风险的'双风险叠加'"。从欧盟银行单一规则清算机制(SRM)来看,系统性原则需要与货币政策、财政政策相配合,比如京津冀协同发展板块就是将区域内金融风险指数(LFR Index)导入地方专项债的发行监管指标体系,实现了宏观经济政策工具与地方风险治理相匹配。

(3)差异性原则:实施分类精准调控

因此,差异化风险调控要求因地制宜。资源富集地区需要化解产业结构不均衡的风险问题:山西制定了专门用于煤企去产能的过桥贷款增信基金,用来帮助去产能企业化解债务纠纷。开放型经济区需要防范汇率波动的风险:云南自贸试验区计划在 2025 年出台外汇避险指导手册,指导出口型企业至少将跨境销售的三成业务通过金融期货和期权等衍生手段进行汇率风险管理。科技集群需要解决创业类小微企业的信用风险问题:上海张江高新区在进行"投贷联动"试点的尝试中,建立了知识产权质押贷款的风险补偿分担机制,将知识产权质押贷款的不良率控制在低于 1.5%。在央行开发的"区域性金融风险测度矩阵"(RRAM)中,12 项风险差异指标能够根据相应地区的特征为金融政策制定者自动生成区域化的应对金融政策矩阵,突出重点调控的现实意义。

（4）协同治理原则:构建多元主体共治网络

风险管理要突破部门界限,建立纵横协调配合。在纵向方面,明晰中央与地方的职责分工——中央主要承担支付清算等影响范围广的 8 大类跨地区风险,地方承担网贷机构等影响范围小的 15 大类属地风险;在横向方面,粤港澳金融稳定联席会议就 2024 年某跨境理财爆雷事件,即时统筹银行、证券、地方金融局的数据信息,开展针对投资者和有关机构的清算和救济工作。类似机制开辟了"监管沙盒"的更多应用场景:以信息平台联接数据壁垒,风险处置由单一作战转为协同作战。

（5）动态调整原则:打造弹性响应框架

金融机构能够根据区域金融风险的发展程度及时升级其治理工具。国家宏观审慎评估(MPA)的参数升级制度就是这种情况之一:2024 年,银保监会将绿色信贷的风险权重降低 5 个百分点,即从 75% 降为 70%,鼓励金融机构对绿色贷款增加发放,资金流入低碳类产业;而应急分级的治理制度则为治理体系提供了弹性:湖北省某城商行的挤兑事件被归为应急一级响应后,当地存款保险基金在 48 小时内支付,资金流动性得到了补充,未出现蔓延。能支撑该项原则的机器学习预警系统已投入应用,某个机器学习 AI 能够统计 LFR Index 的各项子指标得出 23 项数据,其中的一项预测就是在 2024 年有 23% 的概率在当地某城商银行出现期限错配的预警,给监管部门实施动态性干预带来提前半年的时间。

（6）技术赋能原则:推动监管科技深度渗透

技术重构重塑风险治理形态。2025 年,某省专项债穿透式监管试点启动后,区块链打通专项债资金流向 5 亿元、各环节 25 个节点,及时捕捉某开发区擅用专项债资金建设商业综合体的违规线索;长三角监管科技实验室基于监管沙箱体系研发的"智能合约审查工具",可自动扫描区域性金融机构表外业务产品合规漏洞,提升区域性监管科技效率高达 40%。需要指出的是,技术赋能当守伦理规训,《金融领域科技伦理指引》要求:应严防滥用数据与流量,公平公正使用智能算法,平等合理设置平台规则,以最小必要原则采集数据;使用数据应秉持"专事专用"原则,严格采取防护措施,依法合规共享数据,主动清理留存数据。

（7）法治化原则:夯实制度保障根基

法治化原则是风险治理的基石,为各项举措提供坚实制度支撑。完备的法律体系能明确界定风险防控各主体权责,确保治理工作有法可依、规范开展。从宏观层面看,金融等重点领域的法律法规持续完善,对潜在风险的预警、处置流程做出明确规定,有助于防范系统性风险爆发。在实际操作中,依法依规推进风险化解,可增强市场主体对制度的信任,促使其主动配合监管,共同筑牢风险防控堤坝,维护经济社会稳定运行。

4.2.2　区域金融风险防范与控制的程序构建

金融部门管理好地域范围内的金融风险、实现金融稳定与经济健康高质量发展,必须认真做好地域金融风险整体环节的金融风险防控工作。

4.2.2.1　目标设定:明确风险容忍度与偏好

确立目标是区域金融风险管理的开端,是风险管理者的金融风险偏好和容忍水平,它决定了随后风险管理工作的尺度。目标的制定需要金融机构充分考虑业务类型、资本状况、市场定位、监管政策等,既具有一定挑战性又具有现实性。

目标包括如何确定风险容忍度指标、风险管理政策、风险管理责任等,这些目标将成为金融机构后续风险识别、评估、应对、监测等的重要参考依据。

4.2.2.2　风险识别:全面梳理潜在风险

作为风险控制的起点,风险识别是金融机构要对自身经营中存在的风险因素进行全面的梳理。风险识别一般会采取对金融机构经营工作的剖析,从风险发生的可能性事件,以及风险引发的后果、原因等方面入手识别风险。

对商业银行而言,风险识别阶段要收集汇总、分析业务活动中的各类风险,广泛征求意见,形成完整的风险清单,列出商业银行面临的所有风险,如市场风险、信用风险、流动性风险、操作风险等,为风险分析和评估等环节提供依据。

4.2.2.3　风险分析与评估:量化风险影响与概率

风险分析与评估是确定每个风险对金融机构影响程度的工作。该分析一般与对风险识别过程的量化估计相关,是对风险影响、风险概率和风险值的量化。

风险影响是指风险一旦发生时,对金融机构产生的影响程度。如果风险损失不能直接估计,应将其转化为更小单元进行评估。风险概率是风险发生可能性所占百分比,带有很大的主观评价性。风险值是用来确定风险的一种参数,等于风险概率和风险影响的乘积。

金融机构对经营风险进行分析评估,可以明确经营中存在哪些风险、风险发生的可能性有多大及对机构的影响有多严重,按高、中、低的重要性进行排序,为下一步的风险应对提供主要参考依据。

4.2.2.4　风险应对:制订防范计划与应对策略

根据风险分析和风险评估得出的结果,制订金融机构需要的风险管理方案,该方案应包含已识别的风险、该风险的描述、该风险发生可能性、应对风险的负责人员、风险管理策略、具体行动计划等内容。

金融机构制定风险处置策略时需要分析风险能否避免、转移、缓释以及是否处在可以接受的水平,这在一定意义上影响了金融机构的风险管理方案选择。比如,对可避免的风险,可通过调整结构、优化资产组合等进行规避;对可转移的风险,可通过购买保险、信用衍生品交易等方式进行转移;对可缓释的风险,可通过加强管控、提高风险管理能力等方式缓解;对可接受的风险,则要在风险容忍水平之内管理、监控。

4.2.2.5 风险监控：持续跟踪与动态调整

风险监控作为地区金融风险管控的最后一道防线，要求各金融机构在开展风险管理的过程中，实时监测风险的变化，根据风险变化情况及时调整风险处置办法。

风险监控涉及两方面的任务：首先是追踪已识别风险的动态变化，评估是否需要调整风险缓解计划；其次是依据风险变化及时修订风险应对策略，对已发生的风险及其引发的遗留风险和新增风险及时进行识别、分析，并采取适当的应对措施。

金融机构要进一步运用大数据、人工智能等现代技术提高风险监控的精准性和时效性，并积极做好与外部机构如监管机构、行业协会等做好风险监控的协作沟通。

区域金融风险防控是一项系统的综合工程，金融机构在金融风险防控目标确立、金融风险防控过程中的风险识别、计量、防控计划及应对措施以及风险防控过程的跟踪反馈等各环节都需要精心安排。金融机构可通过全面识别可能存在的金融风险、量化金融风险影响和金融风险的概率、制订金融风险防控计划与应对措施、不断跟踪反馈并动态调整等措施降低区域金融风险发生的概率以及区域金融风险的影响，从而助力于金融市场的稳定和区域经济的发展。随着金融市场的发展和金融风险的日益复杂，在未来的发展过程中，金融机构还需要不断创新金融风险防控的方法、方式、手段，以应对挑战、抓住机遇。

4.2.3 区域金融风险防范与控制的传统方法

4.2.3.1 通过内部控制有效降低风险

内部控制作为现代企业管理应对风险的主要措施，在绝大多数现代内部控制体系中，都引用了美国 COSO 报告建立的内部控制整体框架，该框架由美国防止虚假财务报告委员会下属的五大机构于 1992 年制定并在 1994 年修订，如中国人民银行印发的《商业银行内部控制指引》中明确指出，内部控制包括内部控制环境、风险识别和评估、内部控制措施、信息交流与反馈，以及监督、评价与纠正五大要素。

（1）内部控制环境

内部控制环境是企业赖以存在的基础，是组织氛围的前提，影响组织内人员对其他控制要素的控制效果。健康的内控环境体现在以下几方面：

员工的诚实与操守：组织要制定清楚的商业操守，包括允许的行为、利益冲突，以及道德问题，以维持员工的诚实与操守。

员工的胜任能力：组织应确保员工具备完成其职责所需的专业知识和技能，包括质量管理要求等方面的能力。

董事会或审计委员会的独立性：董事会应独立于管理层，负责监督内部控制的有效性，并确保审计委员会发挥其应有的监督作用。

管理哲学和经营方式：管理层应秉持诚信、公正的经营哲学，对人为操纵或错误记录持零容忍态度。

组织结构：组织应建立清晰、合理的组织结构，确保信息能够顺畅地传递到合适的管理层级。

授权与责任：关键部门的经理应被赋予明确的职责和权力，以确保其能够有效地履行职责。

人力资源方针：组织须制定和执行全面的人力资源方针，涉及招聘、培训、升职及奖励等领域，以激励员工的主动性和创新能力。

（2）风险识别与评估

开展风险识别与评估是实施内部控制的一项必要工作。集团公司高管人员需要识别并管理可能对组织的经营、财务报告和遵从目标产生影响的内外部风险，还须评价与组织相关的环境分析（技术的进步、竞争压力以及经济变化等）及内部分析（人力资源素质、组织特征、信息系统特性等）。在完成风险分析后，进行风险判定，即认定风险发生的可能性并评价风险对实现目标产生的影响程度，进一步制定或调整针对风险的管理策略。

（3）内部控制措施

内部控制措施是针对已识别的风险采取必要政策和程序，以确保组织目标的实现。这些措施包括多种形式的控制活动：

直接职能或活动管理：例如，银行消费贷款经理通过审阅贷款报告了解总体情况并识别发展趋势，以确保贷款业务的稳健运营。

数据控制：交易经过在线编辑检查或与控制文件相匹配时进行数据控制，用以确认交易的有效性、完整性和批准与否。

物理控制：确保设备、物资、证券、现金等安全存放，对实物定期盘点，确保与控制账户上的余额吻合。确保无财产流失、失窃现象。

业绩指标：发现和审计运营数据和财务数据的相关性，并分析这两种数据关系、调查并加以纠正，从而评估组织运营绩效。这也使管理者能够识别组织面临的问题，且对此做出回应。

分离：岗位权限分离、岗位人员分离、职能相互分离，业务授权、业务操作、账务处理和业务检查相互分离（相互制约），做到不相容岗位、人员分离，不能由同一人员办理投资、融资、支付或账目登记、实物保管全过程，是防范因不同行为的机构或人员相分离而出现员工舞弊或掩盖行为，提高内部控制的客观性、监督的有效性。

（4）信息交流与反馈

为了确保员工高效地履行职责，公司必须建立有效的信息交流和信息反馈机制，包括辨识、获取和传递内外部信息。外部信息包括市场份额、法律要求及顾客抱怨等方面，内部信息包括会计信息及信贷信息等。通过政策手册、财会报告指南、记录本及口头沟通，员工了解自身工作、维持对财会报告的控制以及明白自己的工作怎样与其他人的工作相结合，以及应该向上汇报何种异常情况。

（5）监督、评价与纠正

监督、评价与纠正主要是对内部控制有效性进行持续的过程评估与改进，既包括对内部审计活动评价，也包括与单位外部人员和团体的接触活动。内部审计部门监督内部控制的有效实施，查找内部控制缺陷并提出改进建议。与单位外部人员和团体的接触有利于组织把握外部环境及利益相关方的诉求，不断修正自身的内部控制设计。

4.2.3.2　运用内部评级法分类管理风险

内部评级法是《巴塞尔协议Ⅱ》框架下提出的内部信用风险的计算方法，给商业银行提供了科学、细化的最低资本计算方案。依据巴塞尔银行监管委员会的规定，商业银行可以自行采用标准法来计算信用风险的最低资本要求，也可以利用内部评级法，这是经过商业银行评估的信用风险的最低资本要求。

内部评级法最重要的两点是：第一，内部评级法以银行的内部评级为基础，对不同的交易对手进行不同的风险分类，对于风险较低的客户或交易提供更为有效的风险管理手段;第二,内部评级法考虑到各银行间的风险异质性和各银行管理能力的差异性,从而决定了风险资本的要求更加灵活化和差异化,进而采取更为细致和敏锐的风险控制措施,有效地提高商业银行信用风险管理的精细度,也使得银行的风险资本要求与银行的内部风险管理工作水平相适应,强化了银行的抗风险能力。

（1）内部评级法的体系结构剖析

商业银行内部评级体系(IRS)是实施内部评级法(IRB)的基石。内部评级体系配套的制度包括人员管理制度、内部评级程序等管理规定与原则来约束内部评级程序,同时结合内部评级执行人员的工作经验,对评级过程的真实性进行监督。巴塞尔银行监管委员会规定,商业银行各级风险评级须经过内部评级体系后,通过内部评级机构认定才能最终确定。因此,须构建相应的运作程序及制度组织,以确保对风险评级的有效执行。

内部评级体系构建的核心是先进的评分模型及强有力的数据支撑能力。商业银行借助数据的采集、整理、挖掘、分析以及模型设计、优化和运用,实现对内部评级体系的量化分析,体现了内部评级体系的科学性,也充分体现了其在商业银行风险治理中的重要性。

在应用内部评级法条件下,商业银行的内部评级程序和方法必须受监督机构的严格监管,而外部监管是内部评级法顺利运行的保证。《巴塞尔协议Ⅱ》对监督的要求包括对资本充足率、披露信息、评级过程检查验证、发布监管指令等方面的要求。同时,《巴塞尔协议Ⅱ》进一步强化了监管力度,要求银行向市场提供更多信息,如信用级别、敞口分析、违约损失率和违约率分布等,以提高监管的透明度和有效性。

内部评级体系须明确要求银行按业务的风险属性将资产划分为六类敞口:企业敞口、主权敞口、银行同业敞口、零售敞口、项目融资敞口和股权敞口。对于不属于这六类敞口的业务风险敞口,则统一列为企业敞口。这既满足银行经营要求,也不排除银行能够在内部评级体系和风险管理中使用类似定义,但分类标准必须在时间和业务风险的属性上保持一致。

内部评级法的关键是如何由内部评级体系对关键的风险要素即违约概率(PD)、违约损失率(LGD)、风险暴露(EAD)和期限(EM)做出量的计算和确定,以便为计算风险权重提供依据。风险要素的计算和确定是一个复杂和艰巨的过程,需要整个商业银行评级系统的相互协作,需要进行包括数据准备、模型使用与开发、结果验证与反馈的全流程管理。

（2）信用风险管理与内部评级法的深度融合

商业银行信用风险管理的内部评级法可谓双刃利器。内部评级法将风险成因理论应用于商业银行风险管理，并通过一些精细化的操作手段，大大增强了商业银行的风险管理能力。内部评级法对商业银行内审评级体系提出了明确、严格的要求，将商业银行内审评级体系分为客户评级、债项评级、组合评级三个子模块，不仅提供了商业银行违约概率、违约损失率、预期损失、非预期损失等重要风险指标，而且对商业银行的信用审批、贷款定价、额度管理、风险准备等信贷管理业务给出了科学合理的决策依据。

贷前分析在贷前环节进行，而贷前分析是从贷前风险防范的最基础工作着手，是企业获得信用贷款的最关键阶段。因此，贷前分析阶段使用的贷前内部评级信息应是科学、完善的。在内部评级法系统下，商业银行可凭借内部评级对信贷管理人员从贷前环节中提供一定的操作"指南"，将标准化、规范化的内部评级信息，以数据录入格式模板方式呈现出来、以规范完善的各类指标的参考值为基准。一方面，让信贷管理人员依据评定客户风险的主要维度——经济环境、行业情况、区域环境、市场竞争格局、与银行的合作关系等多个维度以及企业经营、财务以及非财务数据评价指标，全面、有效地掌握企业经营、财务及非财务风险分析，评估、分析企业的基本经营、财务等风险情况，节约贷前调查分析成本与评估时间，提升分析质量与风险判断。另一方面，商业银行通过内部评级对客户开展风险监测、分析与预警服务，用数据说话，根据内部评级风险预测结果，通过聚类分析等数据挖掘方式，精准快速地寻找到与目标客户存在较高相似度企业信用风险特质，应用本行已有客户的风险评价系统，提高客户风险分类效率和准确率。

贷后管理同样是信用风险管理必不可少的一部分，信用评级体系可以对客户在动态环境下进行信用风险状况的定期监测和评估，及时发现客户经营情况异常变化，为银行提供适当的前期干预措施，为有效降低潜在风险提供强大的技术支持。信用风险管理的最终目的，是为可能发生的损失预留充足的经济性资本支持，确保银行即使出现信用损失也能具备很高的财务弹性和稳定性。

在风险资本计量方面，内部评级法为商业银行提供了合理计量风险的有效手段。国际经验表明，在全面风险管理中，必须在经济资本的基础上,建立有效率的风险调整资本收益率管理系统。内部评级法能够通过为商业银行计算单个客户、单笔业务的违约概率、违约损失率及风险敞口等参数确定和分配经济资本,因而内部评级法本身为商业银行提供了计量风险的有效工具及科学的经济资本配置依据。

《巴塞尔协议Ⅱ》在提高商业银行对信用风险认识的基础上要求商业银行自身建设其内部的风险评估系统,采用内部评级法自主决定资本的需求量。这一要求促进了商业银行的内部评级体系不断完善,制定量化的内部评级模型,并在此基础上考虑定性因素综合考量公司行业地位、公司管理水平等决定合理的内部评级法,最终不仅符合监管机构的高要求,而且进一步促进了信用风险管理精细化水平的提高,使信用风险管理与资本管理有机统一、协调发展。

（3）通过风险压力测试精准把握风险脉搏

在金融领域,风险犹如暗礁,始终对金融机构的稳健性构成潜在威胁。为了精准把握风险脉搏,金融机构广泛采用了一种名为"压力测试"的风险分析方法。该方法通过对金融机构在极端假设情境下的风险暴露进行模拟与评估,为其提供风险预警与应对策略,从而助力金融机构在复杂多变的金融市场环境中稳健运行。

压力测试是指使用定量分析方法,对金融机构承受的小概率、极端情况下的预期损失以及这些预期损失给金融机构利润水平、资本基础带来的可能影响进行量化分析,既是对机构内部脆弱性风险的评估,又是对机构集团乃至金融系统稳定性的评估。金融机构运用该测试对未来可能出现的危机可以居安思危,制定预案,使自身经受住未来风暴的考验。

压力测试就像一架显微镜,根据风险形式,可以分为信用风险压力测试、市场风险压力测试、利率风险压力测试、汇率风险压力测试、流动性风险压力测试、操作风险压力测试等;从测压内容来看,既可以针对特定的资产、产品(比如住房按揭资产包),也可以针对具体的机构(比如银行、证券机构),还可以针对整个金融体系(比如银行体系、保险体系等)。

压力测试本身是一个极端情境的假设性模拟过程,也就是设计一系列情境变量并展开测试。需要强调的是,应当更多地通过与本企业或同行业其他类似企业历史危机事件相关的一些因素或通过调研预计出现的一些具有针对性的新风险等因素进行"假设"。

然后,分别把极端情形导入风险管理和内部控制过程,检验其有效性并预测在极端情形下给金融机构造成的损失,这就是对金融企业的"体外检查"过程。

最后,根据压力测试结果,制定具体的措施来改进风险控制模型和内部控制程序。以信用风险管理为例,如果我们的交易对手存在良好的信用记录,在日常交易过程中只须采取一般的风险管理和内部控制措施即可。但通过压力测试,我们可以假设该交易对手在未来某一阶段存在极端情境(自然灾害造成重大财产损失)并违约,致使我方严重损失,那么,我们需要采取购买保险或对应衍生工具、开发多元交易对手等方法来提高自身抵御风险的能力。

(4)运用资产抵押策略有效规避潜在风险

担保贷款,狭义上讲就是债务人或第三人在不转移所占有财产的占有权的情况下,提供某种财产作为债务担保,当债务人不履行债务时,债权人有权依法将该财产折价或者拍卖、变卖该财产所得的价款优先受偿。

抵押资产种类多,根据其属性不同,可分为动产抵押和不动产抵押两类。动产抵押主要包括设备、各种运输工具(包括汽车、火车、飞机等)、航空器、船舶和现代电子设备等,在生产经营中占有很重要的地位,并可以在融资时将其抵押以增加信用度。不动产抵押主要有房屋、建筑(桥梁、大坝等)和土地使用权等比较稳定的、长期性的固定资产,这些资产最常被金融机构作为抵押品。

从用途来看,抵押贷款又因需求不同可分为个人抵押贷款和企业抵押贷款两类,前者是指为满足居民的购房、购车等消费需求而提供的贷款,后者主要是为满足企业的扩大再生产、更新设备、资金周转等方面的需要。

抵押贷款制度的运用,有利于提高社会整体的信用观念,推动借贷双方经济利益的整体提高。申请人申请抵押贷款成功之后获得所需的资金,在获得资金后则需要按期按量偿还,对信用形成的压力使其更加看重自己的信用情况和财务状况。抵押贷款允许贷款人在申请贷款时预先制订贷款损失弥补方式,例如,抵押物处理办法、抵押物估算等,在一定程度上降低了违约概率,减少了信用风险和道德风险。可以说,资产抵押作为风险管理的一种方式,在防范和保障金融机构稳定资金来源的过程中发挥了重要作用。

（5）强化资本充足率：商业银行抵御风险的坚固盾牌

商业银行是金融市场的核心，如何在变幻莫测的市场环境下保障商业银行的安全，保持其稳健经营，是保证经济发展稳定有序进行的关键。商业银行只有遵循资本充足这一项指标才能较好地应对金融市场出现的风险。而资本充足率是指银行资本总额与风险加权总资产的百分比，这正像一面镜子映射出银行在出现资产损失的情况下，依靠自己的资本来降低风险的程度。

监管银行所设置的核心指标"资本充足率"就是确保银行在运用信贷资金提供给社会服务时能够阻挡风险信贷资产规模的过度增加，以保障资金债权人以及银行客户的人身安全，确保银行长期平稳发展。各国的金融监管机构都非常看重这个指标，并以此为银行防范风险的盾牌，建立了相应的要求较高的资本充足率管理。

要说到资本充足率要求，就要提到《巴塞尔协议Ⅰ》这一重要的全球金融监管政策。《巴塞尔协议Ⅰ》对于各商业银行提出了较高的资本充足率要求。到 2015 年 1 月为止，全球范围内的商业银行的一级资本充足率的最低要求是 6%，之前的数值则是 4%，上升了 2%。可以看出其对银行风险防范能力有了更加严格的要求。除对银行资本充足率要求加强外，该协议也提出了新的要求，那就是银行所要提供的核心资本之一的普通股在风险资产中的最低比例将从现有的 2% 上升到 4.5%。换句话说，银行需要的资本也会越来越高，在这样的要求下，银行会变得更加稳健。

另外，在《巴塞尔协议Ⅱ》中还提出了"资本防护缓冲资金"原则，鼓励银行设立该资金，对银行风险加权资产总额要求不低于 2.5%。这可以认为是给银行风险抵御能力增加了保护伞，银行面对极高风险时，缓冲空间更大，可以预防银行危机。所以，配合对一级资本充足率下限的提高，银行的核心一级资本充足率在实际上增加到了 7%，比一级资本充足率有了进一步提高，对银行的稳健经营更加有保障。

值得注意的是，《巴塞尔协议Ⅱ》中的这些规定并非一蹴而就，而是计划在 2016 年 1 月至 2019 年 1 月分阶段实施。这一安排既考虑了全球金融市场的复杂性，也为商业银行提供了逐步适应新标准的时间和空间，确保了监管政策的平稳过渡和有效实施。

（6）风险准备金的提取与核销：构建金融安全的坚固防线

①风险准备金的意义与重要性。风险准备金是指为防范风险事件

而存入的专门资金,在金融机构的风险事件发生后,风险准备金的存在使得金融消费者、投资者可以有其他的资金来弥补损失,减少由于金融机构经营不佳造成的不可挽回的社会成本,是市场和社会的"稳定器"。它可以维护金融消费者、投资者等的合法权益,维护金融市场的交易秩序,支持金融机构的良好运营,维护社会的稳定;也有助于稳定人们对金融业的信心,助力金融业的良性发展和金融机构的抗风险能力。

②风险准备金的分类与功能。风险准备金根据提取方式和使用途径,可分为以下三类。

一是先行赔付基金:又称证券投资者保护基金,专门用于对交易对手造成的损失进行先行赔付或赔付。目的在于保护中小投资者的利益,在资本市场上,上市公司、期货公司、基金等因财务欺诈行为、财务违法行为造成投资者利益受损时,提前建立赔偿基金,达到民事赔偿目的。此外,证券交易类、期货交易类均会提取部分基金以维持市场正常发展,避免因不可预计的风险造成损失。

二是风险补偿准备金:又称拨备,指金融机构因金融资产存在风险损失而准备的补偿金,包括资产减值准备和一般准备两部分。资产减值准备用于冲减债权、股权等资产由于未来现金流入额现值小于资产账面价值而造成的损失;一般准备用于部分吸收尚未估计出的损失,其数额按照内部模型法或标准法对风险资产预计损失的一定比例进行计算。

三是风险责任准备金:风险责任是指金融机构还没有完成的经济责任,而为将来的经济责任提取的准备金,通常被应用于跨年度或者是持续多年的服务。比如,中国人寿保险公司在承担其已经收取的保险费但又还没到期的人寿保险的责任时就会提取出寿险责任准备金;在长期健康险责任准备金中也会针对长期的健康性保险业务在将来发生的保险责任而提取准备金;在未决赔款准备金中会为已经发生但还没结束的保险赔偿提取准备金。

③风险准备金的提取方法。风险准备金的提取方法多样,旨在确保金融机构有足够的资金来应对潜在风险。

从当期损益中提取:先行赔偿准备金和资产减值准备金通常从金融企业当期损益中提取,将未来可能发生的赔付或损失提前确认并冻结相应资金。当已计提资产减值准备的资产质量提高,或先行赔付准备金累计超过一定限额时,可在已计提的范围内转回或结转,增加当期损益。

从税后利润中提取：一般准备金是金融企业从税后利润中提取的，属于所有者权益项目，提取比例由风险资产规模决定，从而使金融企业出资人能先于债权人承担金融机构的金融风险。

从高管薪金和大股东分配股利中提取：这种方式促使高管和大股东更加谨慎地对待风险。从个人收益中提取准备金，使他们不需要再提供错误的会计信息来获得更多自身利益，进而保证会计信息的客观性。

从发行或配股所获资金中提取：参照国家助学贷款风险准备金的提留规定，公司应该将取得的股份数中的一部分按相应比例作为风险准备金，这能充分避免出现企业管理层及公司控股股东恶意操控现金流入的情况，实际保障股权权益所有者。

从投资收益中提取：这方面的风险准备金提取比较适合投资活动，因为这些方面的收益随投资的效果及收益情况变动而提取，如对投资项目，根据所取得的投资收益等经营利润提取一定比例的风险准备金，这样可刺激投资管理者加强对投资风险的管理，来提高投资收益，降低投资成本，进而降低投资风险。

4.2.4　新经济环境下区域金融风险防范与控制策略优化

面对新经济给金融体系带来的智能化、生态化以及国际化等各类变化，传统的金融风险防控和风险控制固然在一定范围内还能保持良好的有效性，却再也不能完全应用于如今纷杂复杂的金融生态环境中。故而，对区域金融风险进行防范与控制策略优化是十分有必要的。以下依照新经济对金融环境的具体优化策略对相关防范控制策略给出建议。

4.2.4.1　数字化技术赋能风险防范与控制

数字化技术为区域金融风险防范提供了全新的工具和方法，能够显著提升风险识别、监测和管理的效率。

（1）大数据与人工智能提升风险预警系统的效能

在大数据分析、机器学习等算法下，金融机构可以通过对交易数据的实时监测找出交易中的不正常交易以及存在风险的情况，如通过机器学习模型对贷款信息进行分析找出数据中的违约风险情况，为金融机构的贷出决策提供辅助。另外，数字化技术可实现风险预警自动化、智能化,减少人为因素参与,提高风险预警的精准度和时效性。

（2）区块链技术提升透明度与信任

分布式账本技术和加密技术保证了基于区块链的金融交易的不可篡改和公开透明,区块链能够帮助金融交易大幅减少信息不对称和降低欺诈风险等。例如,建立基于区块链的跨境支付平台,借助区块链跟踪资金流向,确保交易的真实性和安全性。

（3）数字化监管与合规管理

监管方可通过数字化手段对金融机构实现实时监管,提高其监管效率和精度。比如,可通过监管科技,对金融机构中的风险数据进行实时监控,及时发现风险并加以处理。金融机构自身也可通过数字化手段对自身合规管理进行升级,降低合规成本。

4.2.4.2 绿色化视角下的区域金融风险防范与控制变化

随着绿色金融的快速发展,区域金融风险防范需要更加注重环境因素与金融风险的联动效应。

（1）环境风险的评估与管理

绿色金融项目通常面临不可预测的环境因素,比如天气情况、碳排放量等。因此,金融机构要搭建专门的环境风险模型,对绿色项目实施全方位的环境评估,如借助卫星遥感技术和物联网设备,金融机构能够对绿色金融项目环境绩效展开实时监测与评估,考察其中是否存在影响金融资产的情况。

（2）绿色金融风险管理体系的完善

金融机构应为绿色化转型配置专门的风险管理职能部门,尤其是针对绿色转型风险、环境风险,如完善 ESG 风险管理系统,以便开展对客户风险的分类管理、动态评估。强化金融机构开展绿色金融创新产品风险识别、完善风险评估体系。

（3）转型风险的动态监测

由于高碳行业是耗资巨大且转型艰难的部门,绿色转型面临风险与成本,银行难以通过线下信贷调查的方式有效知晓企业的绿色转型进度,以及在企业绿色转型进度较快、违约风险增加时,提前介入贷款业务,调整信贷资源安排。银行应依托数字化手段的动态跟踪,有效知悉企业转型进度,例如,银行可基于大数据的绿色信贷技术,对高碳行业的碳排放和财务数据进行分析,判断其是否具备绿色转型能力,从而优化信贷资源配置。

（4）风险分散与创新金融产品

分散风险需要创新绿色金融产品。金融机构通过绿色贷款、绿色债券发行,以及绿色贷款资产证券化等手段,可以将风险分散给大量的市场参与主体,采用碳排放权、排污权等做抵押的抵质押类融资业务,也能降低单个项目集中度风险。

（5）区域差异与差异化风险管理

对于不同区域,为防范绿色金融风险,要采取不同的绿色金融风险管理措施。经济发达地区应侧重于对绿色技术与技术创新的支持,经济不发达地区则更强调配置绿色金融资源与绿色金融基础设施。

（6）政策风险的应对

政策是绿色金融发展的重要支撑,政策的不稳定性会引起金融风险。金融机构要制定政策风险应对机制,通过与政府职能部门的紧密协调,积极应对各种政策。例如,设置政策变动的预警机制,对因政策变化导致的风险提前进行应变。

4.2.4.3　全球化视角下的区域金融风险防范与控制变化

在全球化背景下,区域金融风险的跨境传导更加迅速和复杂,需要加强国际金融监管合作与协调。

（1）强化跨境金融风险实时监测与防范

在经济全球化的背景下,业务的交叉越来越频繁,随之带来的是越来越复杂的跨境金融业务风险的防范,其中跨境经营汇率风险、国际资本流动和跨境融资风险成为金融机构面临的主要风险。为了加强跨境金融业务的风险防范,众多金融机构积极运用大数据技术,以实现跨境金融风险交叉的动态防范。金融机构建立基于区块链技术的跨境金融监管平台,达到有效监测跨境资金流向、市场风险状态、早识别跨境风险传导通道及跨境传导对各方影响的目的。因此,基于区块链技术的跨境监管平台能全面、彻底地为跨境交易做全流程跟踪记录,及时发现跨境异常资金流动和风险积聚,实现对金融机构风险的有效防控。

此外,通过构建跨境风险监测预警系统,金融机构可以及时捕捉国际金融市场动态,预测和预警未来的风险,达到提前预防的目的。同时,风险监测预警系统也使风险防范的精确性和高效性大大提高,在全球化的金融时代,可以使金融机构的稳健运行得到保障。

（2）外部冲击与系统性风险防范

全球化背景下,由于金融在空间上不再具有优势,因此区域金融更容易暴露在外界风险冲击下,例如全球性的金融危机、地区政治危机等。金融机构必须构建系统性风险预警体系,提升对外部风险冲击的识别力及化解能力。比如,可以借助压力测试和情境分析研究外部风险冲击的资产负债表效用。

（3）区域金融合作与风险共担机制

面对金融全球化带来的金融风险,采用区域金融合作的形式应对非常有效。区域金融合作可通过加强区域金融协调监管、确立区域金融风险预警和应急处理机制的方式,来增强区域金融的稳定性与抗风险力。例如,区域金融监管协调可以帮助区域发现并避免金融风险。

（4）全球金融市场联动性与风险传播防范

全球化提高了全球金融市场的耦合度,金融风险的传播速度、广度等大幅提高,区域金融风险防范要考虑全球化金融市场耦合度问题,通过建立全球化风险监测体系,及时发现并消除跨境风险。例如,金融机构通过国际合作与信息互通,更好地应对其他全球性系统风险。

4.3　区域金融风险监管现状

4.3.1　区域金融风险监管概述

4.3.1.1　地方金融监管的内涵与外延

金融监管是指对金融业全系统、全过程的全面监管和监督。狭义上的金融监管主要指金融当局(如中央银行或金融管理与监管部门)为了防范与化解金融风险,保持金融行业的有序健康运营,按照法规进行的监督与约束等行为。广义上的金融监管则包括行业内自律、金融机构本身管制以及社会中介组织行为,是一个多面立体、多层次的监管系统。

近年来,我国金融监管体制不断变革,地方金融监管的内涵与外延也得到了进一步丰富和拓展。2024 年,地方金融监管体制改革完成,地方金融委、金融工委和金融管理局纷纷挂牌成立,央地协同的金融监管新格局加快形成。地方金融监管的内涵进一步明确为:在法律法规授权下,地方政府及其金融监管部门对本地区金融机构和金融组织进行准入管理、监督和政策引导,以推动地方金融稳健发展、维护区域金融稳定。

2025 年地方金融监管侧重点进一步明确。一方面,推进中小金融机构改革化险。例如,上海、山东、重庆等地均提出明确的中小金融机构改革化险目标。另一方面,服务地方经济运行、新质生产力发展等也提出地方金融监管具体部署要求。例如,福建、广西、海南等地结合地方特色落实金融支持当地经济发展。

此外,地方金融监管的外延也在不断拓展。伴随金融创新的发展,在传统金融机构之外,地方金融监管包含了新兴金融业态、金融科技等。地方金融监管也在防控重点领域金融风险、推动房地产市场平稳健康发展上发挥了重要作用。

未来,地方金融监管仍将在完善地方金融监管、提高监管效率、支持地方金融发展等方面发挥重要作用,对保障金融市场的健康发展和经济实现持续健康较快发展发挥重要作用。

4.3.1.2 地方金融监管的职责

近年来,地方金融的蓬勃发展使得金融市场日益复杂和多元化,金融乱象的高发频率又对金融工作开展提出了更迫切的要求。金融工作开展的热烈氛围也在很大程度上使得地方政府在金融工作中的主动性有所增强。观察实践层面,绝大多数省级、地市级乃至县级都有组建金融办或者组建金融局,其与中央监管部门一起协同配合形成了中央主金融监管和地方从属式的联合监管架构,以期加强对金融市场的监管力度。

在该制度中,地方金融监管当局的工作内容包括熟悉经济金融运行状况——这里的熟悉主要是指了解当地经济金融运行情况,准确把握金融运行的宏观走势。在此基础上,地方金融监管当局可以起草制定推动地方金融业发展、改善地方金融生态环境的地方性法规、政府规章草案,采取措施针对金融业的中长期发展趋势进行合理布局,确保维持金融市场的长期健康发展。

此外,完善金融基础设施也是地方金融监管的重要职责之一。这涉及整合各类金融资源,优化金融生态环境,推动地方金融集聚区和区域性金融中心的建设。通过这些举措,地方金融监管机构致力于支持金融机构为地方企业提供强有力的资金支持,从而助力地方经济的蓬勃发展。

在协调与配合中央金融部门方面,地方金融监管机构扮演了桥梁与纽带的角色。它们加强与国家金融监管部门的沟通与合作,确保区域内金融机构的业务发展遵循规范、有序的原则。同时,地方金融监管机构还致力于与地方管理部门、金融机构等建立紧密的信息交流机制,以提升监管效能。

地方金融监管局对"7+4"类金融机构同样担负着监管责任。其对"7+4"类金融机构进行准入管理,同时对其发展做出相应的政策安排,但更为重要的是严厉的监管整治,如发现违法违规现象坚决予以查处,从而保障金融市场稳定运行。

防范和处置金融风险。地方金融监管部门要规范和发展本地区金融秩序,有效预防和化解金融风险,特别是中小金融机构的改革和风险处置,这对维护金融市场稳定、维护投资者利益有重要意义。

与此同时,地方金融监管部门主动服务地方经济发展,引导地方金融机构贯彻落实支持地方经济运行各项政策,包括加强支持房地产市场平稳健康发展、推动支持小微企业融资协调机制建设、深化普惠金融发展等。

在提升监管质效方面,各地金融监管部门深化与央级监管部门协作配合,提高数字监管能力,健全地方金融风险监测预警体系,落实差异化监管,形成监管合力,提升监管效能。

以辽宁省为例,其地方金融监管局在履行上述职责方面取得了显著成效。该局制定了一系列地方性金融法规和政策,推动了金融业的中长期发展规划的实施。同时,该局还致力于完善金融基础设施、支持金融机构为地方企业提供资金支持、协调配合国家金融监管部门防范化解金融风险以及监管省内"7+4"类金融机构等工作。这些举措为辽宁省金融市场的稳健发展奠定了坚实基础。

综合未来几年来看,在金融治理领域中,地区金融治理工作依旧会从风险防范、当地金融市场助力、区域金融治理能效提升等维度开展,在逐步强化金融治理能力、完善金融治理体系、提高金融治理效率等过程中,为地区金融市场良性运行贡献力量。

4.3.1.3　地方金融监管存在的作用

大量的理论成果都能够体现市场力量的自由性,可是社会现实中仍然存在大量的金融市场失灵现象,在这样的情况下,地方金融的监管理论基础作用就体现出来了,就好比政府在其他领域中的一个分工一样,具有对金融市场失灵的现象进行调整、改进的功能。地方政府的监管行为以及地方金融监管的诉求行为也有一定的差距,对于目前现状中体现的地方金融监管起到一定的作用,具体表现在以下几个方面。

（1）防范与化解地方金融风险

中央对地方的垂直监管有合理性,但也有局限性。地方金融监管正是对中央政府监管不足的一种补充,因此地方金融监管是在中央政府金融监管下,在部分地区出现金融监管供给不足时实施的金融监管措施,但其在监管的范围有限性上往往反映出自身的限制。从广义上看,金融监管是一种政府提供的金融公共产品,这种金融公共产品在实施过程中一直都是由中央金融监管机构负责的,在一定程度上,对于具有强区域性特征的融资性担保公司、小额贷款公司等金融机构,往往不被国家金融监管机构监督及监管,特别是在部分地区。此外,这些金融机构因服务领域和机构规模的差异性,需要一种新型的金融监管模式和监管组织来实施监督,以区别于传统金融机构。例如,金融监管组织须重视软信息的获取和利用,采用能够反映区域差异和特征的监管方式。特别是在当前金融服务行业不断创新的环境下,各地政府部门必须充分利用网络等新兴手段,对各种新兴融资模式及其产生的金融市场乱象进行强有力的监督。

地方政府部门的监管人员和力量更接近监管对象,对当地的经济金融状况、金融机构、金融从业人员等情况应熟记在胸。其掌握的软信息资源优势是中央金融监管部门所无法比拟的,因此地方监管在某些领域拥有了更优良的信息生态环境。因此,地方监管能够有效弥补中央监管在新增金融服务中供给不足的缺陷,确保监管零死角,使监管机构处理新的金融服务乱象更具能力与适应性,更好地满足金融行业创新发展的要求。

（2）满足地方经济发展的迫切需求

随着改革开放的不断深入,中国的金融发展已成为中国经济发展的主要推动力,地方企业发展则为经济发展做出了最大贡献。但是在过去很长一段时间,金融监管权高度集中到中央金融管理机构,导致地方上获得的自主金融监管权有限。在中国目前金融集权、财政分权的体制下,长期非饱和的中国地方财政又缺乏市场上的投融资方式,实体经济的发展需要地方的金融产业发展作为依托,而为了使地方金融资源得以充分利用,有效地促进和服务地区性经济发展,在地方与中央政府监管权力分配博弈中,地方政府获得监管权力的渴望越来越强烈,迫切需要放开控制本辖区金融业发展,实现金融业创新发展。

地方金融机构种类、数量近年来不断扩大,一批地方金融机构因具有投资便利、门槛低等优势,为中小型民营企业发展提供了大量的金融资源。对地方各级的金融领域的监管,在中央垂直监管尚无法全覆盖的情况下,唯有不断完善地方监管机制,设立地方性金融监管机构,才是金融政策为地方不同类型金融机构发展提供服务的最佳途径,方能优化地方金融发展生态环境,助推当地金融发展与经济升级。

（3）满足地方金融创新的现实需求

近年来,随着金融科技的蓬勃发展,小贷公司、担保公司等非银金融机构逐步开展形式多样的金融创新,在普惠金融政策出台后,由于绝大多数地方小贷公司、村镇银行、农村专业合作社等资金管理企业及农村专业合作机构具有地域上的局限性,各地基层的监管资源不足问题逐渐显现。互联网金融的迅速发展促使金融产品逐步从线下转移到线上,诞生了 P2P 互联网借贷、众筹等新型互联网金融服务产品。

在金融业的创新和技术进步下,各地产业呈现多元化发展的格局,然而,新类型的金融模式也产生了监管真空、各金融监管人员职权分配不合理、地方金融监管法规不健全等问题,更直接导致了股权众筹失控、非法集资等金融乱象,加大了地方金融乱象滋生的风险。网络的发展使部分地区银行等金融机构逐步走上了去实体化经营的道路,许多金融机构的发展不再被时间和空间限定,部分经营也不再局限在实体上,甚至有许多机构注册地址不在本地,而是进行跨地区经营。

与传统金融领域一样,当地的一些金融组织也具有风险外部化和收益本地化的特点,自身经营风险具有较大的传染性和外溢性。其经营的领域和服务的对象存在较大不确定性。如果长期对其进行强度较小的监管或不进行监管,很可能引发较大的系统性和区域性金融风险。一些新兴的地方金融组织在当地进行金融活动,其最终金融风险的相关责任由地方政府承担。因此,加强地方金融监管并设置监管机构是适应金融业创新性发展和优化金融监管资源配置的现实需求。

因此,确保中央和地方政府的金融监管权力与责任合理分配,并以法律规定地方金融监管机构角色与地位对金融监管分权的层次性、结构性的体系构造,显得十分重要。基于前述有关分权理论的研究,本节认为地方金融监管行为可以弥补中央政府金融监管行为的不足与缺陷,能够充分发挥地方金融监管部门监管领域的特殊专业性,对区域内金融环境优化、社会经济领域各行业健康长足发展,都具有十分重要的意义,其存在性也具有坚实的理论基础。

4.3.1.4　地方金融监管的相关理论

（1）整体政府理论

1997 年,时任英国首相的布莱尔提出了整体政府理论。当时,英国地方政府在履职过程中出现诸多问题,如片面性、自治性、不协调以及部门保护主义等。为解决这些问题,布莱尔提出了整体型政府这一新概念。

整体政府理论着眼于政府各部门的协作和配合,消除部门保护主义,有效整合资源、优化流程,提高政府的治理效率。在此理论提出以前,地方政府采取按责任制的管制模式,将管制权划分给不同的部门,使资源呈现碎片化特征,协调成本高。基于整体政府理论,政府的利益相关者形成了合力,重新分配了资源,很好地解决了部门保护主义的问题,让公民享受到更高质量的服务。

整体政府理论的实践能协调各个部门的职能,把监管活动和监管理念统一起来,实现部门监管职能的整合,提高监管部门效能。从地方金融监督管理的角度对政府金融管理进行分析,是对地方监管提出的完善监管政策总结、建议,是多部门协同管理措施的参考,有利于建立金融管理系统,推进金融监管协同化、高效化管理。

整体政府理论在金融监管方面,尊重金融消费者权利,关注金融安全,通过协同管理系统解决管理部门之间的友好关系、优化配置资源,解决权责不明的冲突,在注重保护金融消费者前提下,重视金融安全,通过协同管理系统协调系统各分部门之间的关系,集中行政资源和行政力量、公平对待所有企业尤其是弱势群体,创建有序、合理的金融秩序。

（2）信息不对称理论

信息不对称在金融发展中,尤其是在借贷关系中普遍存在。在借贷关系中的双方因为所处位置和所掌握信息的来源不同,都会存在明显的差异,其中银行与中小企业之间就存在贷款合作关系,在此关系下,银行作为信贷提供方,会对贷款企业进行信用审核,但是由于小企业内部管理不完善,其所报账的信息并不能直观地呈现其经营状况,这种情况导致银行在分析企业时并不能充分地了解企业对信用的承担情况,进而造成信息不对称。

信息不对称不仅会影响金融机构对风险的判断,还会导致市场失灵,因为交易的双方不能够完全知情,致使市场的稳定性受到了挑战,市场失灵现象随之产生,而市场失灵更是加剧信息不完全,二者具有明显的正相关性。

此外,信息不对称导致金融体系难以有效运行。信息不对称要求政府实施有效的监管才能实现其降低金融体系风险、保护市场交易主体利益,防止信息不对称的出现导致市场交易主体产生资金损失。但政府监管的信息共享不足,导致不同监管部门之间缺乏沟通,同一部门内也存在信息不对称的现象,导致当监管部门面对风险时无法及时做出正确的识别判断,影响正确处理措施的制定。

由此,构建完善金融业监管机制,尤其是建立健全金融业监管信息共享机制,是破解信息不对称症结问题的重要举措。以建立部门间的信息平台和跨部门联合监管机制等形式,形成部门间资源共享、合力监管,提高金融监管部门工作效率,进而推动金融市场健康发展。

（3）金融市场失灵理论

市场存在自我调节的能力,可以使市场价格处于平衡状态,保障金融市场中交易的正常进行,但是市场中的自我调节能力出现失灵则进入了金融市场失灵理论的研究阶段。市场化失灵指的是:金融产品市场中的资产价格背离了金融市场的价格规律,出现失真现象;市场中的产品价格长时间偏离内在价格;市场对金融产品价格判断出现失真等现象。

市场失灵的主要原因在于信息不完全,因为有些掌握内幕情报的投资者隐瞒关键性信息,暗箱操作,以至于市场交易行为非理性,从而降低了市场的资源配置作用；外部投资者恐慌情绪导致逆向操作行为而产生市场失灵。

为了避免市场失灵，政府应尽到监管的职责，通过制定相应的交易规则规范市场行为，及时且全面进行信息披露，从而形成市场良性竞争环境。

金融摩擦是在进行金融交易的时候所面临的各种障碍因素。如果市场摩擦较高，即交易成本较高，买方需要支付更多的资金，卖方能够得到的利益较少，二者之差即摩擦成本。正常情况下，市场摩擦应该是不存在的，市场上的买方与卖方应该零成本进行交易。但是，在金融交易中，市场摩擦无法避免，因为在金融交易过程中会存在各种各样的相关费用，这些相关费用一般可分为四个方面，一是交易需要交给中介机构的手续费与卖方获得的差价；二是交易中所产生的相关费用、过户费用以及相关税收；三是获取交易信息的成本；四是由于市场在交易中的交易性局限所带来的损失等。由于出现摩擦成本所引起的交易日益复杂，造成市场信号的失真等情况，对整个金融市场的发展造成了不利的影响，为了提升整个金融市场的发展效率，必须适当减少摩擦成本以及降低交易成本。

（4）金融监管理论

金融监管理论又称为分子分母对策理论。最初提出金融监管理论时没有相应的制度体系作为依托。为了杜绝证券市场上的过度投机，英国在 1719 年提出了《泡沫法案》，很快就被运用于世界多个国家，并成为一系列国家制度的源头。金融管理必须依附中央银行的金融制度，所以要推进金融管理发展，首先要建立完备的中央银行制度。

金融监管发展到一定程度经历了三个阶段：重新管理阶段、放松管制阶段、从自由到管制阶段，只有经历了这三个阶段，现代金融监管理论才真正走入正道。各个时期的监管都具有不同特点，但是不管是哪一时期金融监管，都始终坚持一个目标，那就是保障金融行业的安全。在遵循这个大前提之下，再展开对管制的论述。

在金融管理理论指引下，政府要积极介入金融领域的各项行为中，解决金融市场上出现的各种矛盾，通过二次整理资源，使其得到合理分配，进而使得金融市场科学、合理地运行。

全面政府理论强调科学规划和有效协调，力求发挥最佳作用，为地方政府金融体制的完善奠定了理论基础和指导思想。而后提出的三种理论是从当前金融业管理过程中出现的现象出发,发现信息不对称、不对等是导致风险管理滞后、应对风险不到位的重要原因。这三种理论指出了金融体制必须解决的信息不对称问题。

4.3.2　区域金融风险监管的体制与模式

4.3.2.1　区域金融风险监管的体制

（1）央地双层监管体制

我国初步建立起"中央统一规则、地方实施监管"的两级金融监管体制。中央层面,国务院金融稳定发展委员会统筹协调,由中国人民银行、国家金融监管总局、证监会、国家外汇管理局等监管机构负责系统性风险和专门领域监管,地方层面则由各地金融监督管理局负责对"7+4"类地方金融机构的监管和风险处置。

这是构建中央和地方监管主体职责划分模式的一种监督治理模式,中央监管主体的主要任务是对全国范围内的系统风险进行统筹管理;而地方政府的职责则是针对全国范围内的地方金融机构和金融活动进行监督,填补地方金融机构和金融活动管理的缺失。

（2）地方金融监管机构的设置与职责

地方金融监管机构主要包括省级金融监督管理机构、金融工委和金融委等。

地方金融监管机构承担着对小额贷款公司、融资担保公司、典当行等"7+4"类金融实体的日常监督任务,涵盖其市场准入、日常运营和风险管理等方面。

金融工委负责金融系统的党建工作,强化金融机构的党建引领作用。

金融委负责重大金融事项的决策和协调,确保地方金融政策与中央政策的衔接。

此外,落实地方政府属地责任。由地方政府牵头制定风险化解处置方案,组织协调化解地方金融风险。这样既从分工上保证了地方金融监管的有效性与灵活性,又从纵向与横向协同上保证了地方金融监管的效率。

（3）央地协调机制

加强中央与地方监管部门协调。我国设立中央金融委员会和地方金融监管协调机制,通过信息共享、政策沟通、协同监管等方式,更好防范区域金融风险,优化生态环境。例如,由国家金融监管总局牵头组建防范和打击非法金融活动部际联席会议。

同时,各地地方政府及时与中央金融管理部门派出机构研究和交流相关政策和制度措施以及重大事宜,督促相关部门落实政策以及在风险处置上实现协调,避免出现因监管空白或监管重叠而导致的市场不稳定或混乱现象。

4.3.2.2　区域金融风险监管的模式

（1）功能监管与行为监管

泛金融监管强调功能监管和行为监管相结合、穿透式监管与持续监管相结合,实现"管住人、管住钱、管好防线、管好家门"的有效衔接,坚持金融产品和服务全流程监管,如对所有标准化的衍生工具交易开展全面监管,确保在受控的环境下实现透明交易。同时,通过强化监管规范金融机构市场行为,防范金融欺诈行为或不当行为产生的金融风险。

（2）金融科技手段的应用

金融科技在区域金融风险监管方面起到重要作用。利用大数据、人工智能、区块链等科技手段能够降低成本,增加信息的透明程度、降低信息的不对称性。例如,利用大数据技术,监管者能够随时获得金融市场的发展状态,及时发现行为异常,例如洗钱、内幕交易等。人工智能技术有利于监管者对潜在的金融危机进行预测和预警。利用区块链技术可以解决交易信息可篡改、不透明的问题,更好地提高监管效率。

（3）风险处置机制

区域金融风险监管强调的是风险处置机制,强调金融机构、股东、高管、监管部门、地方和行业的六位一体责任。比如,在中小金融机构深化改革化解风险过程中明确强调金融机构自身承担主体责任,地方政府承担属地责任,监管部门承担督促和指导职责。风险处置机制强调"早发现、早预警、早暴露、早处置",守住不发生系统性风险的底线。

（4）地方金融监管的能力建设

加强地方金融监管能力建设是提升区域金融风险监管水平的关键。通过完善法律法规、明确监管职责、提升监管人员专业能力等方式,增强地方金融监管部门的履职能力。例如,国家金融监管总局通过开展监管建模比赛,推动监管干部运用金融科技提升监管本领。此外,地方金融监管要提升自身与中央金融监管工作部门协同、合力监管的工作能力。例如,国家金融监管总局牵头建立了防范和打击非法金融活动部际联席会议制度,形成了横向到边、纵向到底的监管体系。

通过以上多维度的监管模式,区域金融风险监管能够更好地适应复杂多变的金融市场环境,提升监管效能,维护金融稳定。

4.3.3　区域金融风险监管存在的不足

区域金融风险监管在当前的金融环境下仍存在一些不足,主要体现在以下几个方面。

（1）法律法规与监管政策滞后

金融机构区域金融风险监管尚缺乏适应高速发展金融市场和金融创新的法律法规。一是缺乏对部分金融产业新领域的有效监管,出现监管盲区；二是地方政府金融监管缺乏执法的法律法规依据,比如中央虽有多份政策和行政命令,但目前还未形成国家层面的地方金融监管条例,造成地方政府金融监管部门无法可依、有规不行。

（2）监管主体不明确与职责划分不清

区域金融监管涉及中央部门,涉及地方相关部门,但监管机构和监管职责划分是地方金融监管部门主要配合中央进行监管,这造成监管职责不清、责任边界不清晰,也限制了监管的力量和权力。例如,一些地方金融组织(如"7+4"类机构)的标准原则由中央确定,具体实施由地方负责,造成地方监管标准不一,一些地区监管不到位。

（3）信息不对称与协调机制不完善

监管方面,由于信息不对称而造成监管效果大打折扣。同时,央地之间、部门之间协调机制不完善,没有有效的信息共享机制、联合监管机制。例如,在风险处置层面,司法与行政之间的衔接机制不足,造成风险的识别、评估、处置处于脱节状态。

（4）监管成本过高与资源不足

跨区域金融监管显性成本(如设施、人员等)和隐性成本(如因执法过多而制约市场)较高。地方金融管理部门因人员不足、手段缺乏、能力欠缺,很难应对日益复杂多变的金融风险。

（5）风险处置机制不健全

现阶段的风险处置机制尚存在责任不清、早期纠正以及处置成本分担等缺陷。比如，许多地区的地方金融组织开展风险处置责任没有执行到位，风险处置的地方政府和监管部门的权责不清，造成风险处置效率低等问题。

（6）地方金融组织风险突出

区域性的金融组织（如小额贷款公司、融资担保公司等）的业务特点和风险类型有所差别，有的地区金融监管出现真空，存在金融风险累积的现象。甚至一些地区为争夺金融资源，简化金融管理职能，加大了金融风险。

（7）金融创新与输入性风险的挑战

金融创新发展较快，地区或行业监管未能及时到位，造成地方性金融风险集聚速度加快，加之输入性金融风险（如非法集资、金融诈骗等）不断累积，尤其是县域和欠发达地区风险较大。

（8）地方金融监管能力不足

由于地方金融监管部门在执法权、专业人才和技术条件等方面存在不足，在打击金融领域复杂多变的各类风险方面出现乏力或力所不及现象。譬如，个别县域金融监管部门没有行政执法权和专业人员从事监管工作，在对各类非法金融活动方面缺乏必要的打击力。

（9）监管技术与手段落后

随着金融科技的快速发展，金融机构的业务模式、产品创新以及风险形态都在不断变化。然而，部分区域金融风险监管部门的监管技术和手段仍然相对落后，难以有效应对新型金融风险。例如，大数据、人工智能等先进技术在金融监管中的应用不足，导致监管部门难以及时、准确地识别、评估和处置金融风险。此外，部分监管部门在风险监测、预警和应急处置等方面的技术手段也相对滞后，降低了监管的效率和效果。

（10）公众金融素养与风险意识不足

公众金融素养和风险意识的提升是维护金融稳定的重要基础。然而，在一些区域，公众的金融素养和风险意识仍然相对较低，对金融风险的认识不足，容易受到不法分子的欺骗和误导。这不仅增加了金融风险的传播和扩散风险，也给金融监管工作带来了更大的挑战。因此，加强公众金融教育和风险意识培养，提高公众的金融素养和风险识别能力，是区域金融风险监管中亟待解决的问题之一。

区域金融风险监管不足主要体现在法律法规落后、监管主体缺失、信息不对称、协调机制缺失、监管成本过高以及地方金融组织风险较突出等方面。这些现象的出现,对区域金融监管的有效性、区域金融稳定持续运行产生了不利影响。

4.3.4 新经济环境下区域金融风险监管的创新路径

新经济环境下,区域金融风险的监管也迎来了新的机遇和挑战,科技的变革、环境的影响以及世界经济的融合发展导致传统有效的监管方式难以适应当前形势下的金融风险监管工作需求。本节从金融数字化、低碳绿色化和全球化视角讨论区域金融风险监管方式的创新路径。

4.3.4.1 数字化视角下的区域金融风险监管变化

随着信息经济的发展,金融风险的区域监管方式发生了很大的变化。大数据、人工智能、区块链等技术的运用改变了风险识别的质量、数量及效率,一定程度上也改变了其管理的手段和方法。

例如,某地区内的银行将大数据技术和多种客户的交易情况、社交情况以及过往的信用记录相结合,对区域的信贷风险特征进行了更加精准的刻画,从而进行贷款的分析评估,可以预测可能进行的不良贷款,阻止不良贷款产生,减少区域内的不良债务产生的金融风险。此外,银行采用机器学习模型,不断对风险模型进行修正和完善,保证风险评估及时、准确。

4.3.4.2 绿色化视角下的区域金融风险监管变化

目前随着世界人民对环境污染的警醒,绿色化已逐步成为区域金融风险监管的新风向标,主要指监管者开始针对金融活动对环境影响进行监管,通过金融监管的绿色金融,以将资金流入引导至低碳节能环保方向,实现经济可持续发展模式。

对于绿色债券,政府制定绿色债券的发行和管理体系。有发行资格的项目必须符合环保管理相关条件并由独立的第三方评估验证,增加了国际投资人绿色资本的涌入,避免"漂绿"现象的出现,为区域金融风险监管赋予了"绿色意义"。

4.3.4.3　全球化视角下的区域金融风险监管变化

经济全球化时代下的区域金融风险管理已不能仅限于一个国家或者一个区域来完成,必须以跨领域、跨地区乃至整个国际范围的合作来管控全球金融风险。这就要求实现金融管理意识的国际化,密切双方信息交流合作,建立全球化金融风险管理防控机制。

相关国家的金融监管部门协商和合作建立金融监管协作平台,为相关国家的金融监管部门定期提供金融监管交流的机制,也通过跨境金融监管信息共享机制和金融监管协作政策,为跨境金融风险提供了有效的监管合作和风险防范机制。面对金融危机冲击时,能够迅速识别异常流出的跨境金融资金信息,通过共同危机干预措施遏制金融风险的蔓延。

因此,应注重从数字、绿色和国际三个维度重塑新的新经济环境下的区域金融风险监管路线图,全面采用新的监管技术、绿色监管方式及国际监管合作,强化区域金融系统发展的稳定性。

第5章　区域金融风险管理实践探索
——以地方政府债务风险管理为例

在经济全球化进程中,区域金融风险管理不可忽视,地方政府债务风险是区域性金融风险的重要组成部分,应加强关注。本章将从地方政府债务对区域金融风险影响入手,通过国外的教训、国内的对比案例进一步寻求地方政府债务风险的风险管理对策。首先,介绍地方债问题的现实状况,揭开地方债规模、结构及风险的面纱,剖析地方债对地方金融风险的巨大影响。其次,分析美国、日本、澳大利亚、德国以及巴西等地处置地方债的有效做法,以资借鉴。最后,对我国地方政府债务风险管理现状及其体制特征影响债务管理这一问题进行总结,揭示当前我国地方政府债务风险机制,同时对我国地方政府债务风险化解实践进行归纳与总结,从国际经验对比视角下,对我国地方政府债务风险应对问题进行经验性总结,以期为地方政府债务风险防范与化解机制建设提供一定借鉴。

5.1　地方政府债务对区域金融风险的影响

5.1.1　地方政府债务现状

截至 2025 年,地方政府债务现状呈现出复杂且多维的特点,具体表现在以下几个方面。

（1）债务规模持续增长，压力逐渐加大

截至 2024 年 11 月末，全国地方政府债务余额已攀升至 464974 亿元，这一数字相较于以往年度有了显著的增长。其中，一般债务余额为 166293 亿元，专项债务余额则高达 298681 亿元，显示出地方政府在基础设施建设等领域的投入力度持续加大。而 2024 年全年地方政府债券发行规模达到 9.7 万亿元，净融资规模 6.8 万亿元，也进一步证明了地方政府在融资方面的积极态度。然而，预计到 2025 年年底，地方政府债务负担可能接近财政总收入的 450%，这一比例相较于 2023 年底的 378% 将有显著的提升，反映出地方政府债务压力正逐渐加大。

（2）债务结构多元化，再融资债券占比上升

地方政府债务以一般债务和专项债务为主。2024 年 1—11 月地方政府债券平均发行期限为 13.9 年，平均票面利率为 2.31%，体现了地方政府在债务期限以及票面利率等方面安排合理。再融资债券发行占比明显上升（达 51.8%），主要用于偿还部分到期债券以及化解隐性债务，体现了地方政府应对债务风险所做的工作。

（3）区域分化特征明显，部分地区风险较高

地方政府债务呈现出显著的区域分化特征。经济发达地区，例如广东、江苏、上海等经济实力较强的地区，偿债能力有保障，债务率相对较低，风险可以防控；但一些经济不发达地区，例如宁夏、青海、西藏等经济弱小的地区，债务率较高，处于"高债务—低发展"的恶性循环之中，再加上个别地区财政收入减少的同时债务余额的增加，使这些地区的债务风险显得更加严重。

（4）整体风险可控，但须警惕潜在风险

尽管地方政府债务规模持续增长，但整体债务风险仍在可控范围内。到 2024 年 11 月底，地方政府的债务总额依然保持在全国人民代表大会批准的 467874.30 亿元债务上限之内。同时，中央政府通过发行特别国债等方式支持地方化债，为地方政府提供了有力的财政支持，缓解了部分地区的债务压力。然而，仍须警惕潜在风险，如部分地区因债务负担过重而引发财政危机等。

（5）市场表现稳定，未来展望乐观

总体来看，目前地方政府债券市场较为平稳，2024 年地方政府债券市场净融资规模将会进一步扩大，反映投资机构认可地方政府的债券信心。2025 年地方政府债务规模将继续增加，但伴随政策的积极支持和

债务管理水平的增强,债务风险将下降。未来地方政府应进一步优化债务结构,强化债务管理,保证地方财政可持续发展。

综上所述,地方政府债务截至 2025 年仍处于债务规模不断增加、债务结构日趋复杂、区域特点显著、整体债务风险可控、警惕潜在风险以及市场表现平稳的预期良好阶段。未来,地方政府应继续做好自身债务管理,优化债务结构,让地方财政稳定健康、可持续发展。

5.1.2　地方政府债务对区域金融风险产生影响

地方隐性债务对地方金融风险的影响是立体的问题,同时也是地方财政可持续性及金融资本市场发展壮大的现实问题。

5.1.2.1　债务风险直接冲击金融机构

金融方面,地方政府持续的大量债务和地方负债规模超过地方财力承受能力的时候,会动摇金融机构的经营安全。地方政府采取银行借款、城投债等来筹措资金,如果地方政府不能偿还债务将会直接导致银行信贷资产受损,引发银行流动性风险出现;地方政府债务违约还会引发金融机构信任危机,产生金融机构市场恐慌心理,增加金融风险。

此外,一些地区的金融风险来源于地方政府隐性债务。由于隐性债务不在政府统计的范围内,因此隐性债务规模、类型、风险点都无法掌握,一旦隐性债务引爆,金融市场会遭遇严重冲击,甚至会引发系统性风险。加强政府隐性债务监测与防范,成为防范区域金融风险的重要一环。

5.1.2.2　金融资源配置效率受损

地方政府债务的累积除了会危及金融机构的稳健性外,还会扭曲金融资源配置。在地方政府在低效项目中注入了大量资金后,其他高效率项目将面临金融资源供给不足的问题,造成金融配置扭曲,进而降低金融机构运行效率,减弱其对实体经济提供的支持,从而加剧金融风险。

5.1.2.3 债务风险的跨区传导性使金融风险扩散

因为地方政府债务风险的传递是不局限在一个地方的,这个地方出现的风险可能会在整个金融体系迅速蔓延,也会使不同区域之间金融风险更易发生连接,增大了整个金融体系的系统性风险。所以有必要建立跨地区的金融风险防控机制,即通过加强区域间金融监管合作,通过信息共享、风险共享,共同应对潜在的金融风险。

5.1.2.4 债券市场面临严峻挑战

债券市场面临因地方政府债务发行扩大所造成的市场流动性及稳定性压力以及债务违约可能导致的市场恐慌,进而造成的债券市场剧烈动荡和投资者预期不稳等问题,应加强债券市场监管,完善投资者保护制度,保证债券市场的公平与公正。

5.1.2.5 区域差异导致风险分化

地区之间因经济发展程度、财政能力、产业结构等差异决定了各地方政府债务风险对地区金融风险所产生的影响是不一样的。因此,在采取地方政府债务风险防范措施的过程中,一定要考虑地区之间的差异,根据地区差异采取不同的政策和措施,能够因地制宜、因时施政,让地方政府部门采取合理的措施来应对债务风险问题。

地方政府债务不仅会造成局部金融风险,同时也不乏跨区域风险,建议政府、金融机构及监管部门合力从政策控制、财政控制及监管完善等方面进行防控和化解,同时要强化跨区域金融监管,协同做好金融市场的稳定工作。

5.2　国外地方政府债务风险管理实践

政府债务风险管理是每个国家都会面临并需要解决的问题,在不同的政治、经济、文化背景下,不同国家都有特定的地方政府债务风险管理模式。本节选取部分典型国家,简述各国政府债务风险管理方式,以供我国借鉴。

5.2.1　美国地方政府债务风险管理

发行市政债券是美国地方政府历史悠久的做法,因而也积累了比较完善的债务危机管理方法,这个方法可以划分为事前、事中和事后 3 个阶段。

（1）事前阶段：强化地方政府债务风险防控体系

建立风险预警制度：风险预警系统一方面负责查清和掌握现有债务的风险等级,分析有关风险指标,并综合归纳,最后报送给风险管制部门。对风险超标的政府单位发出预警。俄亥俄州风险预警系统便是一例,俄亥俄州审计局进行风险预警。审计局通过对财务进行评估和审计,确定地方政府财政状况是否濒临危机,并将其纳入"预警名单",假如财政状况得到改善,就将其从名单中剔除,但是如果财政状况持续恶化,地方政府则被从"预警名单"挪移到"危机名单"。根据《财政紧急状态法》,当地方政府宣布进入财政危机时,该州就要建立"财政计划和监督委员会",由委员会监督和管理地方政府的财政事务。在第一次会议之后的 120 天内,地方政府需要提交详细的财政改革计划,并有义务采取措施减轻危机。此外,美国地方政府还具有债务规模的量化管理,比如北卡罗来纳州对地方政府规定资产负债率上限为 8%。

建立信用评级体系：美国有一个健全的信用评级机构,各级政府为节省成本、成功筹措资金,非常重视信用建设,将本级政府的债务纳入严格的监控和管理,接受穆迪投资服务公司、标准普尔公司及惠誉投资者服务公司的评级,并将这些信息在网上公开。

提高地方债务公开的程度:美国的各州和地方政府采用了政府会计准则委员会于1983年在《政府会计、审计和财务报告》中提出的政府债务标准,市政当局在市政债券存续期内应第一时间、最大范围地披露其政府财政状况发生的变化以及政府经济或法律中发生的重大事项。加利福尼亚州、得克萨斯州和路易斯安那州对地方政府的要求为必须报告所有地方政府债务活动。政府的债务规模以及收支等情况可以通过网络获取,这种地方债务高透明度的监督管理机制有助于债务支出的方向控制、资金使用效率以及债务膨胀的防治等。

(2)事中阶段:强化债务危机管理程序

美国政府通过严谨的破产程序和法律体系,妥善解决了地方政府债务危机的问题。

地方政府自主偿债:美国的地方政府数量较多,地方政府具有较高的地方财政自主权。在联邦主义体制之下,联邦政府不对州和地方政府债务的举债行为实施直接管制,而是以市场运作、宪法、法律以及政府法令规制的方式综合约束,其政府债务也不需要上级政府审批,但要符合相应的法律。借助相应的法律规定,严加制约地方政府预算,避免地方政府的风险向其上层转移。这样,地方政府一旦出现财政危机,必须由地方政府自行偿债。

美国地方公权力破产程序较严格。地方政府申请破产,必须满足一系列严苛的条件:其一,申请破产的只能是市政机关,必须取得所在州地方法律上的特别许可以及表决。其二,地方政府必须达到无力偿付到期债务,即政府无力清偿到期债务。但其债务是否可以抗辩或者很可能不被清偿应除外。其三,应当就债务重组协议制定一套"债权人最佳利益标准",并对当地自治权力进行充分保障。地方政府在提交破产申请前必须与债权人协商,以寻找除破产以外的其他可能方案。政府申请破产必须是自愿申请,并且由法院审查债务重组方案以确定该协议对债权人来说是最佳方案,并至少经过每类债务中三分之二或者一半债权人书面同意。倘若地方公权力满足以上条件,政府即向法院提出破产申请,进入破产程序。

美国宪法中授权国会制定统一的破产法。立法健全了地方政府破产的法律系统。该法第九章对于地方政府破产法律程序,地方政府的定义与范围及地方政府的破产、确定标准做了详细的规定,制定立法目的就是既给债权人以相应的保障,又给予地方政府一定的减负债务、继续运营的机会,并且以一定的有效的参与方式,使债权人、债务人在法律程序上得到适当的安排。

（3）事后阶段：实施恢复策略以摆脱债务危机

债务危机出现后,地方政府将立即实施多项恢复方案,希望能顺利渡过难关。

编制破产计划：该计划包括劳动用工解除、诉讼赔偿、新债发行、纳税政策调整等,都应以合理的步骤按法律程序进行,并在债权人方面做好协商,做好地方的重整工作计划,有利于破产后的加速恢复。

财政制度改革：财政改革是实现减债稳债、恢复财政健康的重大举措。一方面,通过裁员并撤销空编的方式减少人力成本,确保足够的社会公共服务的提供；另一方面,要千方百计扩大收入渠道,例如变现政府闲置资产、争取上级政府的转移支付与补助、制定相关政策增加税收收入,如增加新增税收品目或上调现行税率等；在调整过程中,应将财政支出确保基础的公共服务支出,制定基本的公共服务清单,明确政府必需的基础支出项目。

支持有限而充分的债务重组：债务重组是指地方政府与债权方共同商定的债务处理措施,旨在减轻债务负担。当地方政府的债务积重难返,难以自己消除赤字时,就需要上级政府来帮助进行债务重组,上级政府可以在地方政府财政改革之后,帮助其将债务转成期限较长的债权。例如,在财政危机中,纽约市借力州或联邦政府,设立市政援助公司（Municipal Assistance Corporation, MAC）,发行由州政府信誉担保的长期债券来偿还纽约市的短期债务和资助其运营支出,缓解财政压力。

5.2.2　日本地方政府债务风险管理

作为单一制的国家,日本地方政府虽然财政独立但又严格受制于中央政府,日本也采取了一系列行之有效的管理地方政府债务风险的政策。

5.2.2.1 债务概况

日本地方政府的融资方式主要是政府发行国债以及从银行处借入款项。政府从银行借款占有较为重要的地位,银行是日本地方政府债务主要承担者之一。从银行借款可以令当地政府相对快速地获得自身所需的资金,来满足相应财政所需。

在发行债券方面,地方政府发行的债券利率一般根据同一年限国债利率设定,旨在提高债券的吸引力,把控融资成本;这些债券一般都不具有上市流通的权利,但是债券持有人却会享受一定税收优惠,极大地提高了债券的吸引力。此外,日本地方政府对负债资金的使用有原则性规定,只能用于资本支出、一定范围的目的,以保证资金的高效率利用和财政稳定。

5.2.2.2 债务风险管理机制

(1)市场化改革进程

以前日本地方政府债务审批严格,中央政府会参与审批过程。从2006年起日本地方政府债务审批模式改革,转变为协商模式,地方政府在协商制度下失去了中央政府的优惠政策,要自己承担债务的偿还责任,这就导致地方政府要在一定程度上增强风险意识,进行债务的市场化管理。在债券发行过程中地方政府自主确定债券发行价格、利率及偿还方式,地方政府的债务市场在相对稳定、有序地发展,这样效率会更高,市场更加具有透明性。

(2)债务风险控制机制

为有效防控地方政府债务风险,日本制定了地方财政计划体系,包括地方财政计划、地方政府债务计划、财政投融资计划,为地方债务的管理提供全覆盖的规划和管控。日本还利用债务风险预警指标体系衡量地方财政的状况。当地方财政指标达到警示线时,地方政府需要马上采取措施进行整改,并在外部审计机关的监督下进行。当地方财政指标严重超过警示线时,中央可以采取接管的方式来确保地方财政的稳定以及地方政府债务风险的控制。

（3）债务管理监督机制

从 2008 年开始,日本政府开始实施以权责发生制为核心的政府会计制度改革,在债务预算透明度提高方面卓有成效。凡是或有负债,原则上都会包含在政府的预算范围内,政府的债务会更加明晰。此外,日本政府也会通过项目举债之前评估以及举债之后资金审查等多种审计监督手段对举债活动进行有效的监督,加强了地方政府举债行为的可控性,能够有效保障地方政府举债行为的合理性和合法性,有利于政府财政的稳定。

5.2.3　澳大利亚地方政府债务风险管理

5.2.3.1　债务概况

澳大利亚实行联邦、州和地方政府三级行政体制,州和地方政府具有发债自主权,并负责自主偿还,且州级和地方政府在财政收入中的占比均不高,联邦财政转移支付是州及地方政府最主要的收入来源,约70% 以上的财政收入来自联邦财政转移支付,加之在财政安排上强调支出责任对债务的依赖性,造成各级财政普遍视债务融资为成本较高的资本性支出,着眼于融资后债项资金的资产效应,较少采用债务融资方式。

澳大利亚的地方债务规模较小,近年还逐年下降,得益于地方政府对还贷、资金使用的良好管理,在项目质量控制、债务偿还方面做得较好。其信用评级较高、财务稳定,能够很好地进行债务市场的融资。

为约束地方政府举债行为,澳大利亚联邦政府于 1927 年成立了借款委员会,行使地方政府和联邦政府共同制订的总体债务计划,根据各地区经济发展及地方债务需求的特定要求,拟定各地方议会各自的债务计划,保障地方政府的举债行为公开、规范,规避债务风险。

5.2.3.2　债务风险管理机制

（1）预算管理机制与透明公开

澳大利亚地方政府已经建立起完备的预算管理机制和信息公开机制。每年年初,地方政府将下一年度的债务预算请求报至借款委员会,借款委员会根据各地区具体情况和整体财政情况,最终确定各地方政府的债务预算额度。各地政府需要按照要求编制季度、年度报告,向公众公示债务情况、偿还情况以及财务状态等,以保障信息公开,尊重公众的知情权。

严格执行预算制度及信息告知制度,由借款委员会对地方政府借债资金进行全程有效控制,起到了较好的监控作用。另外,澳大利亚政府还注重财政部的监管作用和权责统一,即由借款委员会对所有地方政府借债实行统一管理、统一监督。集权式债务管理有利于预防债务危机,保障财政可持续发展。

在会计制度方面,澳大利亚地方政府会计制度采用权责发生制政府会计。该政府会计要求政府会计准确、客观地反映、揭示政府债务情况,有利于客观地评价地方政府债务风险。不管本期是否发生政府收支,只要其产生了借款活动就作为政府债务会计处理,这能够提高政府债务的透明度和可比性,为政府债务管理提供有力的会计信息。

（2）信用评级机构的作用

澳大利亚政府对于地方政府的债务问题参照美国与日本的办法采取信用评级模式,政府信用度决定了融资的成本,参与该信用评级工作的国外信用评级机构能为政府债务的监管提供良好的参考,有利于完善地方政府债务监管模式,使相关债务管理更规范更透明。

地方政府无力偿还到期债务时可采取债务处置,或申请地方政府破产,或请符合条件的上级政府扶持,或处置地方政府的公共品、资产来还债。地方政府债务风险能够得到有效控制,保证财政的稳定性及可持续性。

5.2.4　德国地方政府债务风险管理

5.2.4.1　债务概况

德国是一个联邦制国家,地方政府结构包括联邦政府、州政府、市三级政府,共涉及 16 个州政府、12291 个以上的市级政府,三级政府拥有较独立的预算编制权,并有权向各自的地方议会申请发行公债。

德国各州并不具备独立的税务立法权,它们主要通过分享税收来获得财政收入。除此之外,州政府还有权发行州债券(兰德债券),并能够从银行获取贷款。州立银行和储蓄银行是德国地方政府举债的主要渠道。因为欧洲央行长时间推行的量化宽松政策,降低了借款门槛和费用,地方政府的借贷年息甚至降到1%,这大大增强了地方政府借款的积极性,推动了地方经济的增长。

从前,德国政府债务通常用于基础设施和其他一些公共工程,对德国经济发展发挥了积极推动作用,但在金融危机爆发后,德国地方政府的债务规模越来越大。为此,德国政府出台了《债务刹车法》,要求2019年后,联邦政府将不再为高负债州提供财政支持,并在2020年之前,让各州财政收支持平,消除结构性赤字。一系列政策措施结合地方政府自身的调节政策,有效遏制了债务规模的增长,确保政府债务资金有效用于还本付息和民生保障。

5.2.4.2　债务风险管理机制

(1)健全的法律框架

《债务刹车法》作为德国宪法的一部分,以法律形式明确了中央与地方政府在债务管理上的责任,并通过设定债务限额来控制债务规模。德国自2014年开始,政府财政收入呈现不断增长的趋势,地方政府加入"强化法案"中获得财政性资助,除此之外,从降低行政成本、进行严格的预算支出、提升财政财务透明度等方面加强监视政府收入和开支。这些有效措施的应用都为德国经济和财政提供了必要保证。

(2)债务风险的有效管控

德国地方政府的债务风险管理是将横向制约与垂直管理相结合。横向制约主要通过不同政府部门之间的制约,具体表现为市政议会与财政预算局相互分离、预算开支的批准程序等;预算资金支出主要经由市政会议、预算部门和地方议会三个层级监督,监督地方政府是否按照法律资金使用、在第一时间纠正违法财政行为。垂直管理主要通过各州政府对地区政府借款限额和收支平衡进行约束,对财政预算进行审查和监督,及时提醒地方政府可能发生的财政风险。地方政府申请增大额度,即可向上级政府提出请求,上级政府可以直接否决地方财政预算提出的要求,同时要求预算发生修改。当地方政府发生财政风险,城市财政收入不足时,政府可以进行援救,避免其破产。

(3)债务信息公开透明

德国地方政府债务信息公开,在债务资料允许情况下,随时随地对地方政府的债务进行查阅。预算经审议通过后,积极实行和执行。针对政府收入、审计机关的财务报告等信息都要公开。通过信息公开,地方政府的财务收支、负债等方面得以即时监控。

5.2.5　巴西地方政府债务风险管理

5.2.5.1　债务概况

巴西联邦共和国由 26 个州和 1 个联邦地区组成,州政府财政自主度高,对是否发行债券有决定权。巴西各州政府有多个渠道借债,包括向州属银行、联邦金融机构和国际金融机构,例如,世界银行和美洲发展银行等贷款或在国内和国外债券市场上发债,另外一些州政府甚至通过使用非正规融资渠道以及拖欠员工工资来弥补财政赤字。

自 20 世纪 60 年代以来,由于巴西经济发展较快,城市化进程较快,地方政府为满足公共服务支出需求,举债不断加大,从而引发了多次政府债务危机。

在 20 世纪 80 年代后期,受全球石油危机影响,巴西各州政府无法偿付其债务,联邦政府不得不将国家外债转化为联邦债务,并通过与国际金融组织进行债务重组来缓解危机。这是巴西第一次外债危机。

1993 年,巴西经济增长乏力,通胀率急剧上升,各州偿还贷款压力增大,导致了对国内金融机构债务的拖欠。联邦政府再次介入,修改了偿还条款,延长了部分债务的期限,并提供了新的贷款条件。这是面向国内金融机构的债券偿还危机。

巴西为抑制通胀,在 1994 年推动"雷亚尔"计划,实行紧缩货币政策,将国家国债的实际利率抬高,使国家和金融市场陷入更混乱的局面,引发第三次债务危机。联邦政府发行国债用以解决危机,并让各地方政府每月偿还联邦债务。

5.2.5.2　债务风险管理机制

巴西地方政府债务风险管理机制的特点包括以下几点。

①债务管制:对贷款渠道进行制约,防止产生新的债务;对负债规模进行限定,确保债务率不超过规定上限;审慎看待举债需求,通过硬

性条款减少道德风险；对债务融资进行制约,规定地方政府负债在银行资产总额中所占比例,并保障违法违规举债的债权人不受法律保护。

②审计与社会监管：要求地方政府每年向联邦政府汇报收支状况,并在规定时间内公布政府负债报表；审计法庭审查财务报表,督促纠正违法行为；地方政府贷款业务须通过全国信息体系与银行建立联系；各级人民政府在网上发布财务行政文书和简报,组织公众听证监督。

③严惩违法违规行为：对违反规定的地方政府进行严厉处罚,包括行政撤职、罚款、监禁等；严禁违规举债和突破赤字上限；对已经超出最高限额的州政府,禁止再借贷产生新的负债,并停止对其进行联邦转移支付。

近几年,巴西的财政改革卓有成效,州政府已建立起比较完善的约束机制,如里约州在面临巨大偿债压力的形势下,通过推出综合性救助工具来控制支出,平衡政府收支水平,而不直接向联邦政府求贷,这些举动说明巴西地方政府在债务约束方面有所改观。

5.3　国内地方政府债务风险管理实践

5.3.1　我国体制特征对地方政府债务管理的影响

虽然比起欧美等地方政府债务管理制度趋于完善的国家,我国地方政府债务管理制度还没有成熟,但是中国政府拥有强大的行政力、稳定的国有银行和健康的低通胀率等一系列体制、经济、环境上的优势,中国已具备了控制地方政府债务的有效条件。

就制度环境而言,虽然我国的财政体制相对于国外有很大不同,造成政府债务构成及处理方式的差异性,但同时也有一定的优越性。我国作为统一的多民族国家,中央政府有较为有效的行政干预和执行能力,为我国执行化解地方政府债务风险的政策提供了便利条件。

从经济基本面看,中国经济增速虽然近年来有所下行,但稳定在 6%以上,仍大幅领先发达经济体的 2%以及新兴经济体的 4%的均值水平。2012—2021 年,我国的平均通胀率为 2.229%,2022 年按当年债券付息额计算的地方债券利息占地方本级广义财政收入的比重仅为 6.3%,通胀率低,偿债负担比较适中;我国的平均赤字率为 2.9%,各省平均赤字率均低于 20%,国债的发行规模在我国债务总规模中占比较低且我国财政部没有向央行出售国债,从而不存在财政赤字货币化趋势。我国的外汇储备规模依然保有充足的安全边界,到 2022 年年底我国外汇储备规模为 3.05 万亿美元,位于世界第一,且国民储蓄率高达 40%。从这些方面衡量,我国的政策空间较大,积极的财政政策仍有较大发挥空间。

从市场环境来看,我国地方债券市场持有比例较大的是国有金融机构,占比超过 90%,虽然流动性较差,但仍具有较强的抗风险能力,地方政府债务对应资产质量较好,部分地区例如经济发达的省份举债空间较大。此外,我国政府具有大量国有资产和较为充足的国有资源作为地方债务管理的基本面。

5.3.2 我国地方政府债务风险机制

自 2014 年新《预算法》正式确立地方政府为主体的举债融资机制以来,我国推出了一系列规章制度以规范地方政府债务管理,逐步形成了"借、用、管、还"的全流程管理体系。在借款阶段,按照"开放正门、封闭后门"的方针,对地方债务实施额度限制,并果断遏制隐性债务的增加。中央对地方政府的债务管理政策经历了从指导性条款、体系性法规到规范性制度建设的演变,风险管理配套机制亦不断完善。

为进一步加强市场化、公开化、规范化管理,我国已积极探索建立了一系列常态化的监管制度,包括限额管理、预算管理、信息披露、纠错问责的管理机制,均有突破和进步。但现有制度仍是用于补漏、避免监管套利,尚缺乏系统性、全面性的管理系统,相对发达国家已经成熟完善的体系还存在明显差距。

比如,在限额管理方面,安排额度的决定应与时俱进,考虑各省份实际情况。在信息披露上,由于会计科目不统一、统计方法繁杂、债务分布松散、债务信息敏感性和存在隐性债务等原因,致使公布的数据不全面、不连续,外界难以获得准确信息。虽然中国债券信息网、中国地方政府债券信息公开平台网、财政部政府债务研究和评估中心网站对地方政府债券信息披露都起到积极作用,但仍缺少公开、统一的地方政府详细债务披露的官方渠道,特别是隐性债务问题还需要进一步改进。

5.3.3　我国债务风险化解实践

历史上每当地方政府债务累积至集中到期,偿债压力陡增之际,我国都会出台相应的防范化解地方债风险措施。我国已进行了 3 次对地方政府债务风险化解的行动,分别在 2014 年、2018 年和 2020 年启动。

这些化解行动的核心策略包括地方债置换与市场化化债两大路径,尽管每轮行动各有侧重点,但均涉及融资平台、金融机构、地方政府及中央政府等多方力量的协同参与。首轮行动聚焦于将存量债务纳入预算管理,并通过发行置换债的方式实现债务的"显性化"。据统计,2015—2018 年,地方累计发行超过 12 万亿元的置换债,基本完成了对 2014 年年底前存在的不规范存量债务的置换工作。

第二轮行动则更加注重隐性债务的化解,财政部提出的多种化债方式中,项目结转资金偿还、转为经营债务、借新还旧及破产清算等均为市场化的化债手段。2020 年的第三轮行动中,"特殊再融资债"是化解隐性债务的主线工具,其募集资金用途从"偿还到期政府债券"变为"偿还政府存量债务"。根据化解结果来看,到 2022 年年底,广东、北京相继在相应预算报告中宣布完成全域无隐性债务试点工作,各省也纷纷出台了隐性及违规债的处置方案,其中"山西交控"和"镇江城投"两例分别是内陆资源型城市和经济发达省区对地方政府债务进行处理的成功案例。

虽然我国三轮化解债务风险都取得进展,但也应看到一些问题,2020 年 12 月以来,发行的再融资债券募集资金用途出现了"偿还存量债务"的情况,其起到化解风险"主力军"的作用,甚至超过了同期地方债的到期额,即"超发"。2023 年以后,"偿还存量债务"的再融资债券发行数额显著增加,截至 2024 年 5 月总计超过 1800 亿元,这一方面是因为一些地方政府在推进"隐性债务清零"任务。例如,2023 年年初重庆财政预算报告指出要发行 650 亿元再融资债券以减缓当前偿债压力,并引导区县规范开展存量债务展期重组。

这种做法虽然能在短期内缓解各省的应急性偿付压力,但是特殊再融资债要以一般公共预算收入还本,且在一般财政支出中,社保就业、教育、卫生健康支出合计占比超过一半,还债仍有较大压力,未来将存在较为严峻的还款压力,政府信用正面临空前的压力。

5.3.4 防范和化解地方政府债务风险的具体措施——以辽宁省为例

近年来,辽宁省实施了一系列防范和化解地方政府债务风险的积极有效举措,从完善债务管理机制、规范政府债务融资行为、优化政府债务结构、强化风险预警、化解存量债务等方面入手,确保区域财政金融稳定可持续发展,具体举措如下。

5.3.4.1 完善政府债务管理体系

辽宁省在应对地方政府债务风险过程中,通过建立全方位、多层次的政府债务体系,使政府举债工作顺利实现管理规范化、透明化、高效率。

（1）规范债务举借、使用和偿还的全过程

辽宁省政府清醒地认识到,防范化解政府债务风险,首先要规范举债、用债、还款各环节,在辽宁省逐项建立严密的债务管理制度。比如,辽宁省厘清了债务举借、用途、偿还计划等审批流程;明确了"举借多少债、要干什么、怎么花、什么时候还";管好了政府债务资金的"方向盘",严守债券资金安全、规范使用的纪律。

（2）统一领导与归口管理

辽宁省政府依托已形成的政府统一领导、财政归口管理、部门分工协调的政府统贷统还工作体制,有助于把政府的债务管理工作统一起来,落实各个政府各级政府部门在债务管理工作中的职责和责任到人,从而集中力量,形成债务管理工作合力;对各部门之间实行"专业归口、专款专用、分户核算"的做法,可有效规避由于资金管理不善而引发债务危机的风险。

辽宁省政府具体开展工作中明确了各级财政部门的债务管理职责,强化各级政府对本级债务监管工作,确保债务数据的真实、准确,建立债务管理信息共享机制,实现各级政府、部门的通力配合、资源共享,确保债务管理工作的有效开展。

（3）限额管理与规模控制

为规范政府债务规模管理,辽宁省政府对省、市、县政府债务规模进行总量控制和限额管理。辽宁省政府通过政府债务限额管理指标,进一步管控政府债务规模,有效防范债务过度扩张。

实践中,辽宁省政府综合考虑本级政府和下级政府财政状况、债务风险等实际,合理确定本级政府债务规模上限和限额管理指标。与此同时,辽宁省建立了债务风险预警机制,实时监测、预警债务规模、债务率等指标,将债务风险识别和防控关口前移。

（4）明确偿债责任

为了避免企业的债务转嫁到政府,辽宁省政府按"谁使用、谁偿还"的原则确定了政府与企业的偿债责任,避免债务风险的转嫁与传递。

在具体的实践中,辽宁省政府规定各级政府和部门在举借债务时要明确使用者和还本付息的主责。同时,辽宁省还搭建了偿债准备金制度,为政府债务的偿还给予了部分资金保障,对于增强政府的偿还能力、减少政府的违约风险有一定的帮助。

5.3.4.2　加强债务风险预警与防控

对辽宁省地方政府债的防范而言,债务管理的法制化和债务信息的公开只是手段,对防范地方政府债务风险来讲,预防、监测风险是主线,诸多创新机制确保了防范地方政府债务风险总体平稳,使辽宁省经济稳定发展。

（1）动态监测与风险预警机制

辽宁省构建了全省统一、动态的债务监测预警体系,以对实时监测的债务数据进行深入分析,并及时发现问题、预警风险。此外,省级财政部门是债务监管机构,能够采取现代化的信息技术手段实时监控各市县的债务数据,并监测数据的准确性和时效性,及时向债务高风险的地区预警并督促其降风险。

（2）风险预警名单与应对措施

对列入风险预警名单的地区,应严格遵照本级省级财政部门的要求采取措施化解风险,主要包括严格控制新增项目,防止新增债务;完善支出结构,突出保障民生、基础设施建设等重点领域;压减公用经费等一般支出,压缩行政运行成本等;落实债务管理责任,完善政府债务偿还计划,做好债务本息的偿还。

（3）全口径债务监测监管体系

完善地方债务的监测监管体系。对政府债务的全面监管需要建立覆盖政府基金收入、专项收入、国有资源有偿使用收入等政府收入、支出等,建立全口径的地方债务监测监管体系,细化、透明债务管理。建立专项债券的全生命周期监管机制,对专项债券的发行、资金支付、项目监管、本息偿还进行严格监控。

（4）偿债准备金管理

积极采取措施提高政府的偿债能力,重视辽宁省的偿债准备金管理,将各种偿债准备金纳入预算管理,实行专款专用。辽宁省通过规划预算资金、盘活存量资产、优化财政支出结构等手段不断加强偿债准备金规模的建设,为政府到期债务本息的按期偿付奠定了坚实的基础。建立偿债准备金使用审批机制,规范偿债资金的使用。

5.3.4.3　化解存量债务与优化债务结构

辽宁省在处置政府存量债务工作上,一方面追求偿债机制的法治化和抗风险能力,另一方面也关注消化存量和结构优化对缓解偿债风险和推动辽宁省经济可持续健康发展的决定性作用,为此进行了许多有益探索和尝试。

（1）存量债务化解方案

辽宁省充分认识化解存量债务是降低债务风险、化解债务结构的关键一招,编制了具有可操作性和切实可行的存量债务化解详细化、工作化的分年度化解存量债务计划,明确化解现有债务的目标任务和时间节点,通过安排预算资金、盘活存量资产、实行债务化解的激励政策,逐年递减债务余额,并注意发挥市场的机制化作用,由市场带动社会资本化解债务,实现债务风险的转嫁和分担。

（2）优化债务结构

辽宁通过发行地方政府再融资债券等方式对债务期限结构进行优化,降低了债务风险。辽宁省通过地方政府再融资债券成功地实现了债券债务期的调整,延长了债务期限,也降低了债券利率,做到用长期债务替换短期债务,用低利率债务替换高利率债务,既减轻政府短期债务偿还压力,又降低债务成本,提高债务资金效率。

在实际运行过程中,辽宁省把握再融资债券发行的时机和规模,使债券发行能够契合债务偿还计划。另外,辽宁省积极加强与金融机构的协调互动,争取更好的融资便利条件,为再融资债券的顺利发行打下坚实基础。

（3）特殊再融资债券

2023 年,辽宁逐步化解存量债务、优化存量债务结构迈出了切实步伐。全年共发行 870.42 亿元特殊再融资债券用于偿还存量债务,一方面有效降低了存量债务规模,另一方面进一步优化了存量债务结构、提升了债务的可持续性。

通过发行特殊再融资债券这一手段,辽宁省债务管理水平再上新台阶,较好地分担和化解了辽宁省的债务风险,为辽宁省经济的良性可持续发展提供了有力保障,也进一步证明辽宁省在债务管理中有不俗的手段和技巧,为其他地区开展债务管理工作提供了参考。

5.3.4.4　加强政府债券管理

辽宁省强调政府债券管理。在优化政府债务结构、提高资金使用效益工作中,辽宁省切实加强政府债务管理,促进政府债券管理科学化、规范化、精细化,确保政府债券资金的安全规范高效使用。下面来介绍辽宁省强化政府债券管理的实践。

（1）系统规划债券发行与使用,优化投向结构

辽宁省政府系统谋划债券管理工作。省财政厅债务管理处按照国家要求和辽宁经济社会发展实际,合理确定政府债券的发行品种、发行规模、期限结构和投向。辽宁省政府合理调整债券资金投向,加大对辽宁经济社会中关键领域、重大项目、重要工程的投入力度,以辽东绿色经济区和沈阳经济区建设等重大建设项目为支撑,促进建筑业等相关产业提高经济运行质量,实现辽宁省经济的可持续稳步发展。

（2）精准衔接资金使用时间,避免资金闲置

为进一步提升债券资金使用效益,辽宁省人民政府债务管理办公室准确把握项目动工时间及资金需求,实现债券资金的拨付与项目建设进程充分结合。同时,辽宁省人民政府债务管理办公室积极与项目单位协调、沟通,实现对资金需求的预测,从而合理部署债券发行计划,在防范债务资金闲置增加债券利息的同时,节约政府的筹资成本,提升政府债

券资金使用效益。

（3）强化债券资金使用监管，确保合规高效

债券资金使用方面，辽宁省政府债务管理部门加强对债券资金使用过程的监控，建立完善的债券资金监管制度。辽宁省政府债务管理部门对债券资金流向及使用情况加强监管，严格按照项目预算、合同约定使用债券资金。辽宁省政府债务管理部门加强对项目单位的指导和培训，提高项目单位债券资金管理水平，保障债券资金使用的合规化与高效化。

（4）建立债券项目绩效评估机制，提升项目效益

辽宁省政府建立债券项目绩效评价制度，定期开展对债券项目的绩效评价，帮助政府及时掌握债券项目进展情况和出现的问题，根据评价结果做出对项目计划、资金安排的调整，从而有效提高债券项目绩效水平，为进一步开展债券项目选择和管理提供参考。

5.3.4.5　防范市县级债务风险向省级传导

辽宁省在地方政府债务风险管理工作中，高度重视市县级债务风险问题，高度重视市县级发生风险后可能传导至省级的巨大危害性。所以辽宁省从顶层设计上进行预见性、系统性的政府债务风险管控，真正做好了省市县级债务的风险防范工作。

（1）压实各级政府责任，强化风险防控意识

辽宁省强调市县级风险防范化解。市县级人民政府负责防范化解市县级债务风险。辽宁省各市县政府建立健全市县政府债务风险防控机制，构建政府性债务动态监控体系，对债务风险情况进行实时监控，避免发生突发性、临时性兑付风险；辽宁省各级政府加强对市县政府的指导和监督，督促各市县政府树立正确的政绩观和发展观，将市县政府债务风险防控制度执行情况作为对政府的业绩考核项目，并建立健全责任追究机制。

（2）加强基层财政管理，防范风险叠加效应

辽宁省结合县（市、区）级财政管理存在的问题进行分析，针对这些问题采取调整财政收入结构、提高财政资金使用绩效、加强预算监管等方法，提高基层财政自身"造血"能力和抗风险能力；高度重视风险叠加产生的冲击，建立基层财政风险预警与应急处置机制，及时发现并化解基层财政风险，避免风险向全省扩散。

（3）推动债务信息共享与协同监管

辽宁推动建立市县债务监测防控机制。一是建设债务信息平台，逐步实现市、县两级政府债务的实时更新和共享，为监控地方政府债务风险情况，防控风险提供了坚实的数据基础。二是增强协同防控监管，联合各相关部门（财政、审计、金融部门）加强信息共享、协同监管，对地方政府债务风险防控工作形成合力，及时发现风险隐患，防止风险上移至省一级。

5.4　国际比较对我国应对地方政府债务风险的启示

5.4.1　我国地方政府债务与国际对比

由于篇幅有限，在进行国际对比时，特别选取一些有代表性的国家，如美国、德国、日本，与中国的地方政府债务进行对比，以期获得启示。

作为划分债务承受主体的政府，其在空间上所对应的辖区和在层级上对应的地位，决定了讨论政府债务问题的具体主体，即在划分问题上不同区域、不同国家、不同层级的政府债务有所不同。在国内，习惯上将省级以下行政区域称为地方政府，在美国和德国将联邦以下的行政机构称为地方政府，在日本则将都道府县以下的行政单位称为地方政府。

首先，通过对这四个国家政府债务率的比较发现，无论美国、德国还是日本，其中央与地方政府债务率水平或高或低，其总水平基本集中在中央政府层面，而地方政府债务率则大多趋于持平或稳定。而我国的中央与地方政府债务率，无论是增长幅度还是规模都呈上升趋势。特别是 2015 年之后，尽管我国地方政府债务率与美国、德国相比，在前期有相当程度的接近，但是到了 2018 年以后迅速上升，截至 2022 年攀升至 173.61%，远超美国、德国债务率水平，这在一定程度上反映出我国预算约束弱化的问题。虽然与日本相比，我国无论是中央政府还是地方政府债务率水平总体上都在低位，有一定的债务可扩张空间，但是不断增高的债务率无疑将给政府带来流动性压力，进而给未来财政状态带来挑战。

进一步地，对比各地级政府债务率的高低。美国、德国州政府及州以下政府债务率均不断下降,且下降更快的是州政府的债务率。相较而言,我国在2015—2021年,无论是省级政府还是省级以下政府,都呈现出债务率上升的态势。不过,债务负担在缓慢向省级政府转移,这与美国、德国有所不同。这种转移现象表明,我国自2015年以来一揽子强化地方债风险管理的政策措施,客观上规范了地方政府债务风险政策,省级政府较其他市级县区级政府更具债务控制、风险预警的实力。

其次,比较了中国与美国、德国、日本的分级财政收入与支出、分级财政债务占财政收入和财政支出的比例情况。美国、德国、日本各级政府的财政收入和支出基本上是相互匹配的,并且各级政府中债务占主导地位的是联邦(中央)政府。而财政的收入与支出互相匹配才应该是规范举债的基础,而我国自实行分税制改革以来,中央财政与地方各级的财政收入支出一直都不匹配,这也在一定程度上促进了地方的过度举债,因此现阶段我国财政体制改革有一定的必要性。

值得注意的是,要警惕我国地方融资平台、非标融资等造成的隐性负债。尽管我国已经提出"开前门、堵后门、修明渠、堵暗渠"的政策导向,鼓励地方政府通过债券方式融资,但地方政府融资中债券占比较低。2022年各省地方政府债券占比平均值不到30%,说明我国地方政府融资结构还有很大的空间。相比于发达国家,我国的地方债市场化程度低,大多数债券的机构投资者仍是商业银行,目前我国商业银行对地方政府债的持有占比高达90%左右,而过高的同质化投资不仅可能造成买方垄断和流动性不足等问题,也不利于地方政府债务风险分散。另外,在具体实践过程中,地方政府债券的发行与财政性存款相关联,可能会导致价格机制扭曲、正常拍卖机制难以维持、债市参与主体不合规以及地方债项目质量偏低、收益风险不高等问题。

5.4.2　国内区域政府债务对比

从负债率与财政自给率之间的关系可以发现,我国各省间大致是负债率越高,则财政自给率越低,表明中西部地区欠发达省份和东北地区承担政府债务负担更加沉重,而东南沿海地区发达省份债务率相对较低。进一步对债务率进行拆分,我国300多个地市州中,2022年负债率超过60%国际警戒线的有12个,比2021年多了1个,排名前3的地市州分别为新疆克孜勒苏州、四川巴中市和黑龙江七台河市,三市负债率分别高达 102.1%、95.2% 和 83.7%（表 5-1）。与此同时，从地区上看，全国资产负债率最高的前 15 个地级市集中在新疆、贵州等欠发达地区省份，而资产负债率最低的 15 个地级市集中在沿海发达地区，这印证了我国地方政府债务具有很大的地方异质性，尾部风险显现。

表 5-1　2022 年全国负债率排名前 5 位和后 5 位的地级市

排名	地级市	所属省份	负债率（%）
1	克孜勒苏州	新疆	102.1
2	巴中市	四川	95.2
3	七台河市	黑龙江	83.7
4	阿勒泰地区	新疆	82.2
5	乌兰察布市	内蒙古	76.8
301	林芝市	西藏	11.5
302	大庆市	黑龙江	11.4
303	榆林市	陕西	8.6
304	苏州市	江苏	7.4
305	深圳市	广东	6.4

数据来源：中国地方政府债券信息公开平台、Wind 数据库。

对于偿付能力及流动性风险而言，从债务可持续性方面看，偿付能力和流动性风险都是主要问题，随着债务规模的增加，偿付能力则主要取决于财政收入。2015 年新《预算法》实施以来，地方政府通过发行一般债券、专项债券获得资金，地方政府一般债券偿付依赖财政收入的一般预算收入，地方政府专项债券偿付依赖政府基金性收入，我国各省财政收入一般压力很大。一般预算收入增速平均降低，政府基金性收入增速自 2022 年起平均减少了 25.35%，部分债务压力大的省份，财政压力继续恶化。专项债券已经成为当前地方政府债券发行的主要部分，政府债券的规模大幅增加、速度加快，预示着地方政府财政压力增大。

我们通过国别横向比较可以发现，美国、日本和德国基本以中央政府债务为主体，地方政府债务率相对较低，且中央、地方财政收支相匹配。而我国地方政府债务占比较高，中央、地方财政收支不匹配。其中，对地方政府债务深入分析发现，与我国各级地方政府的债务率不断上升不同，德国、美国的州及州以下地方政府债务率不断下降。

同时，我国省际比较表明，我国地方政府债务风险更倾向于集中在部分欠发达地区,更显区域异质性、下沉风险。我国地方政府财政收入近年来面临较大压力,尾部风险极有可能进一步放大。因此,我国地方政府的债务风险管理面临以下现实问题:一是预算约束软化,财政体制机制改革有待深化,需要解决地方政府财权事权不匹配的问题;二是尽管我国地方政府债务负担越来越向省级政府转移,并逐步走向规范化和透明化,但其规范、透明程度和市场化程度低,配套制度亟须完善;三是政府债务负担在地方政府财政收入面临较大压力以及区域异质性加剧的背景下,出现尾部风险并引发了地方政府债务可持续发展的担忧。

为此,我们要通览国际上其他国家地方政府的债务管理实践,借鉴成功经验与失败教训,进一步完善我国地方政府债务风险管理机制,有效化解区域性重大风险。

5.4.3 地方政府债务风险管理的经验借鉴

5.4.3.1 强化预算管理

长期以来,我国的财政管理体制存在预算软约束的问题,在债务资金使用和预算编制方面表现得尤为显著,旧有的预算编制常常缺少对债务资金具体使用情况的说明以及严格的执行监督,这在一定程度上降低了预算约束的力度和有效性。针对这种债务预算软约束的问题,我国政府会计债务核算逐步实现"收付制"向"权责发生制"转化。这种改革模式在一定程度上吸取了日本、澳大利亚等国家的经验,在原有的体制中加入了地方政府的或有负债和隐形负债,以便于更加真实地反映政府的财务状况,降低不必要的借款以及债务违约的情况发生。

权责发生制下,预算的执行将更加严肃地进行分析、检验,便于及时发现政府债务管理中出现的问题并进行整改。除此之外,为进一步强化政府预算的严肃性、约束性,政府预算中涉及的具体借款的事项(包括借款形式和具体由谁来发行债券、借款的期限、发行的数量和利率、以哪些资产或项目来偿还债务等)都要经过省一级政府批准之后才可以借款,避免债务风险。

与此同时,预算管理的公开化也是对财政管理的提升。近年来,各地省财政部门陆续公布了政府债务明细,披露了政府性一般债务和政府性专项债务等。但我国政府债务的披露与澳大利亚等国相比仍不尽完善,对此,建议在我国政府债务的披露内容上,应多披露些解释说明性的、分析性的内容,通过全面系统的政府债务披露,保障广大人民的知情权、监督权。

在吸收借鉴国外有效地方政府债务治理经验的基础上,我们应该对当前治理地方政府债务予以充分的重视,也就是在考虑到债务结构问题的基础上,对当前债务资金来源、债务用途、债务年限等做出合理科学的分析,为地方政府债务管理的政策性决策奠定切实的理论基础。此外,地方政府债务总量控制和地方政府债务增速把控是控制地方政府债务风险的重要手段,在财政收入方面除有效拓展传统的税收收入来源外,还应当探索公共项目收益、偿债基金等偿债收入,从而有利于拓展地方政府债务的还款空间,从而与未来的经济发展形成良性循环。

5.4.3.2 健全地方政府债务约束机制

建立科学的地方政府债务约束机制,能为地方政府发债时有适度的债务规模、使用债务资金时有较好的效果、偿还债务时有良好的信用提供基本保证,在一定层次上使得地方政府债务的管理规范运行。目前,美国和日本在风险预警方面的做法已经相当完善,其中包含一些可供我国借鉴的内容。我国不同层级的地方政府根据自身的客观实际,相继出台了具有针对性的财务风险预警机制,目的在于化解已形成的地方政府债务压力,同时合理安排新增债务。

与发达国家相比,我国风险预警系统指标设置比较单一,缺乏个性化特点,问责机制还不够完善。为完善我国风险预警系统,我国可以参照国外发达国家的相关经验,适当引入通货膨胀率等金融指标作为风险预警指标,更加全面、及时地预测和把握地方政府金融市场。各地方的政府还可根据各自地区的经济和社会条件建立具有特色的预警指标,增强地方政府金融风险预警系统的针对性和有效性。

在问责机制方面,我国应明确对在预警体系中排名靠后的地方政府进行处置的具体措施,确保问责机制能够真正落到实处。这不仅可以增强地方政府的责任感和危机感,还可以促进地方政府债务管理的规范化和精细化。

5.4.3.3 优化地方政府债务治理方式

为了进一步优化我国地方政府的债务治理,应该积极建设我国地方政府债务的管理全链条,做好地方政府债务资金从"借、用、还"各个环节全部信息的公开披露工作,这样能够让地方政府债务的管理部门和地方政府及时了解债务资金的流动变化以及相关债务指标的信息,以此做出更加科学合理的决策。

对地方政府债务进行全面把控,从债务的开始直到支出方向的跟踪监测,都是保证债务资金安全高效使用的主要手段。我国应该克服传统管理机制中各自为战、协调不足的缺点,强化债务统筹管控。对此,可以明确各部门分工,比如财政部预算司负责地方债预算管理与财务核算、国家金融监督管理总局负责地方政府债务风险的监督、国家发展和改革委员会负责地方政府融资平台发行的城镇投资债。在明确各部门管理分工的前提下,再设置协调管理机构,如此才能使各部门在分析问题时采取相同的方法与思路,强化监管机制的全面性和针对性。

为实现归口管理与责任管理,我国还应加强债务跟踪管理,督促地方政府及时偿债,对地方政府的偿债进行审计工作。对于偿债无力的单位及责任人依规追责。要求地方政府及时掌握债务资金的使用情况,确保债务资金真正用于民生工程等重点领域。

为了提高信息透明度,我国可安排具有独立性的第三方机构,对地方各级政府债务资金进行定期和不定期检查,地方人大应拥有审查政府债务具体事务的权力,形成地方政府、第三方和公众共同对政府债务情况进行监督的格局。此外,更应该发挥国家审计的政治作用,通过对地方政府债务进行审计,促进地方政府债务合理使用和良性发展。实践中,可以采取对债务的资金进行审计的预算执行审计、进行债务审计、对政府债务资金进行跟踪审计、进行综合债务审计等方法,并对地方领导进行经济责任审计,完善地方政府债务管理机制,提升资金使用效率。

5.4.3.4　地方债务风险处置策略与责任追究机制

（1）风险处置措施

在地方债务风险处置方面,主要存在以下几种策略。

一是由中央政府行政接管兜底。当地方政府出现严重的债务危机、无力建立化解机制时,可由中央政府或者上级政府对濒临破产的地方政府进行接管。接管不仅限于对地方政府日常的行政活动,也包括接管对所欠债款的偿还责任。例如,当地方政府的运行出现较为严重的危机,无法在偿还期内归还债务时,由中央政府将该地方政府的议会解散并重新组建,由该省份的省长直接管理,在进行重组的过程中,由中央政府偿还相关债务。在新的地方议会和政府通过选举正式建立之后,新政府的领导者必须制定出相应的税率政策,从而实现逐渐偿还完所有债务以及由中央政府进行代偿的经费。政府行政接管对化解地方政府的债务危机起到了至关重要的作用,在法律制度不够完善的国家,以及"自救"能力较强的国家,地方政府无法建立自己的债务危机化解机制,借助中央政府或上级政府的行政接管对化解地方政府的债务危机显得尤为重要。但从另一方面来看,也有中央政府干预实施不足的现象,例如对于地方政府具体情况了解不到位,中央政府往往会制订出一些不理性的财政重整计划。

二是中央政府重新组建地方政府债务。为了维持债权人贷款的积极主动性,透明化规范的债务重组是必不可少的。这种重组能够推动地方政府财政自律并给债权人平等地提出索债权限。在日本,中央政府禁止地方政府破产,即使是地方政府财政形势最为恶劣时,也必须承担偿还债务的义务。例如,2006 年日本夕张市因产业转型不成功而陷入债务危机,2007 年中央政府直接参与夕张市的财政预算,撤去其自治权,并制订为期 18 年的严格财务重建计划,计划主要通过大量精减公职人员、削减财政规模、提高财政支出效率、关闭公共场所等举措逐步改善夕张市财政。澳大利亚联邦政府也采取这种做法,当州不能按时偿还债务时,联邦政府依据《澳大利亚联邦宪法》,由联邦政府进行援助,并由联邦政府承担相应债务,但是联邦政府也会运用法律对州政府的犯罪行为进行追责,要求其偿还联邦政府为其支付的金额。

三是地方政府自行处理债务危机。在某些情况下,中央政府可能明确宣布放弃对地方政府的救助,由地方政府自行解决债务问题。在阿根廷,当省政府出现债务危机时,省政府将与债权人商定一个比率限制,作为从共享税收中扣除的每日利息流量标准。在清偿债务之前,省政府将暂停获得共享分成。而在匈牙利,根据1996年颁布的《市政破产法》,陷入财政危机的地方政府可以选择破产,也可以选择与债权人通过调解等程序达成问题解决协议。

上述这些风险处置举措各有优劣,适应的国别情况、地方条件均有差别,在采取和执行上应该结合地方财政条件和债权人利益大小,以及中央调控力度大小等因素综合考量。

（2）追责机制构建

纠错追责机制健全有效的关键之一,在于明确问责的对象、规定问责的标准以及确保问责责任能够落到实处,涉及刑事责任的还需要加大惩罚力度。

若新西兰地方政府连续28日没有做到支付偿债基金分期付息的全额及持续性,地方债务委员会会介入地方政府,直接向地方当局索债,必要时将此转达高等法院,而由高等法院宣布委任一位财务托管人来索债。该制度确定了地方政府负有债务违约问责制。

巴西的《财政责任法》则对问责对象以及相应的责任追究措施做出了进一步具体的描述。议会通过直接或由审计法院和各部门的内部控制机制实施的行为监察各级政府履行财政责任的情况,对于有违反偿债义务的地方政府,视情节严重程度对地方政府进行停止发债、收取债务违约罚金、减少预算和转移支付的惩罚,对不履行偿债义务的政府官员或政府工作人员予以免职、罚款甚至判刑,强化了财政纪律。

在南非,《市政财政管理法案》也对问责主体进行了规定,主要是对市会计长、市财务经理、政府财务管理高级官员,以及政府实体高级公务人员,如果这些人员在财务管理上的行为不当,如未履行职务、不合理决策造成无效和浪费性花费、对错误信息进行虚假或误导性表述等行为均会受到惩戒,包括行政纪律和刑事责任。

在秘鲁,《一般债务法》中有明确的债务信息披露要求,法律明确规定了违规省、自治区对债务信息披露要求,违反债务信息披露要求的省、自治区,则不能继续行使债务资金使用权,以维护债务债权人的合法权益。

反观澳大利亚,接受联邦政府救助的澳大利亚州政府官员不仅要承受免职、司法制裁,还要承受巨大的政治成本,如新南威尔士州政府的债务违约直接导致了朗格党在州政府连任选举中惨败而失去执政权。这给政府官员警示,任何财政管理的疏失,都会带来严重的政治后果。

因此,各主要国家在建立财政责任追究制度上普遍强调问责主体的明确、问责标准的明晰以及多种形式的问责处罚,以期达到从严究责的效果,从而达到推进财政制度、提高政府信用的目的。

第6章 新经济环境下区域金融风险管理的新趋势

新经济环境下,区域金融风险管理面临许多新挑战和新机遇。伴随着金融科技创新的快速发展,金融科技正在并将继续为区域金融风险管理实践提供相关技术支持和解决方案。本章论述了金融科技含义及其在金融风险管理的应用、金融科技如何创新传统风险管理、如何提升金融风险管理水平等。另外,绿色金融与可持续发展又给我们进行区域金融风险管理带来了新的思路。本章将介绍绿色金融,明确可持续发展的金融目标,探讨绿色金融在区域金融风险管理中的实践路径,更加有助于解决新经济环境下的金融风险,促进区域金融的健康发展。

6.1 金融科技在风险管理中的应用

6.1.1 金融科技概述

6.1.1.1 金融科技的概念

所谓金融科技,可以简要地表述为金融加科技。广义的金融科技是指非金融机构的科技公司向金融领域扩展的业务和金融机构运用新兴信息技术开展的业务;狭义的金融科技指的是科技公司运用互联网产品如云计算、大数据、电商平台和搜索引擎,将创新和金融相结合的融资类、支付类、交易中介类金融服务。

2016 年 3 月金融稳定理事会（FSB）对金融科技做出了解释：由技术带动的金融创新，能够对业务模式、应用、流程或产品产生重大影响，并对金融市场或机构产生颠覆性改变的模式和应用。这是目前各方普遍接受的金融科技定义，突出技术作为驱动的因子，并通过衡量金融创新度衡量技术。

金融科技的外延包括金融科技的前端行业，以及金融科技的后台技术。金融科技的前端行业是指大数据、云计算、人工智能、区块链等新兴技术在金融行业中的应用，而后台技术是新兴技术本身。同时，金融科技又包含金融科技的新兴技术载体，即金融科技公司、应用新兴技术的持牌金融机构、金融科技与金融机构的合作联盟。

为了深入理解金融科技，须辨析其与科技金融、互联网金融的联系与区别。

与科技金融相比，金融科技侧重以技术为金融赋能，提升服务效率和质量；而科技金融特指金融支持科技产业、企业和事业的发展，满足科技型企业和创新创业主体的金融服务需求。金融科技与科技金融的本质和产品也各有不同，具体如图 6-1 所示。

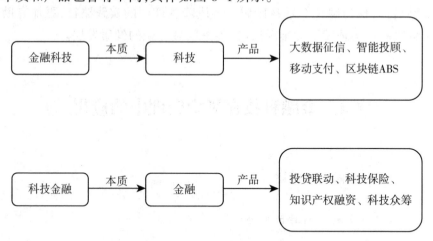

图 6-1　金融科技与科技金融的区别

互联网金融是主要利用互联网实现金融业务线上化，属于渠道上的革新；而金融科技侧重于新技术的金融业务支持、辅助、优化，本质是技术革新，其在技术、业务内容和服务客体上均有突破及延伸，较互联网金融更宽、更深。互联网金融是金融科技的初级形态，随着积累技术和注入资本,正走向金融科技的成熟阶段。

把握金融科技发展窗口期,要重视金融科技发展的9个关键要素,即人才、技术、数据、场景、资本、产业、监管与政策、硬件和文化。把握这9个要素,金融科技将遵循中长期内自身发展的内生规律。

6.1.1.2　金融科技的主要业态

金融科技,即新兴信息技术驱动的金融业态,是传统金融机构与科技公司利用大数据、云计算、分布式账本、人工智能、物联网等新兴技术向市场提供的资金融通、支付、投资、信息中介服务活动。国际货币基金组织(IMF)、金融稳定委员会(FSB)、巴塞尔银行监管委员会(BCBS)都对已有的金融科技业务类型进行了定义,尽管三者划分的业务类型不尽相同,但其金融科技活动主要包括以下几大类。

①付款与结算类:包括小额零售支付服务(例如 PayPal、支付宝)以及大额批发支付服务(例如跨境支付、外汇兑换)。移动支付和第三方支付发展迅速,但与传统支付及清结算系统形成了互补关系,而非完全替代。

②借贷与资本募集类:主要涵盖 P2P 网络借款和股权集资,旨在满足传统金融服务未能充分覆盖的个人及小微企业等的融资需求。尽管发展迅速,但所占比重仍较低,更多的是对现有金融体系的补充。

③保险类:涉及产品设计、定价承保、分销渠道、理赔服务等保险业核心业务流程,推动保险行业商业模式重塑。

④投资管理类:涵盖智能投顾和电子交易服务,利用智能化及自动化系统给予投资理财的建议。目前多应用于高度成熟的金融市场,但范围有限,主要聚焦于智能理财。

⑤市场设施类:该类别提供基础技术支持,如客户身份验证和多维数据的收集与处理,还包括分布式账本、大数据和云计算等技术基础设施。这些业务具有显著的技术特征,通常被视为金融机构的信息外包服务管理。随着科技与金融的深度融合,这些业务对金融机构的稳定运营将产生重要影响。

FSB 指出,不同业务的发展规模、市场程度等存在差异,因而对现有金融体系的影响程度不同,前四类业务具有较强的金融特点,常常被作为金融业务进行监管;第五类业务由于存在较强的技术特点,作为信息外包服务管理一般不作为金融活动进行监管,但重要性日益突出。

6.1.1.3 全球金融科技的发展历程

按照国际证监会组织（IOSCO）和清华大学国家金融研究院划分，金融科技的发展可以简要分为以下四个时期。

（1）金融科技 1.0：萌芽期（1980—1989 年）

该阶段是金融科技的起步阶段，金融服务的互联网化程度较高，主要是指金融行业通过信息技术软硬件实现办公及业务的电子化、自动化，从而缩减运营成本，提高服务效率。1989 年，英国米特兰银行成立全球第一家直销银行 First Direct，这一成功标志着金融科技时代的到来。

（2）金融科技 2.0：起步期（1990—2010 年）

在金融科技 2.0 时代，金融业与科技融合更加紧密，互联网金融成为这一阶段的典型代表。在这一阶段，移动支付、线上经纪商、网络银行、电子货币与货币基金的融合、保险公司在线直销、在线比价网站、互联网股权众筹和 P2P 网络借贷平台陆续出现。这一阶段的代表是互联网企业非金融类的企业，在线独立或与金融机构联合提供互联网金融服务。而传统金融机构则在线上建立业务平台，与金融业融合、共享。

（3）金融科技 3.0：快速成长期（2011 年至今）

金融科技 3.0 时代的标志性特征是金融科技全面性技术赋能——以大数据、云计算、人工智能和区块链等为代表的金融科技新技术全面渗入金融信息收集、风险定价、投资决策和信用中介服务等环节。纳斯达克证券交易所建立世界首个区块链平台、巴克莱银行完成全球首笔基于区块链的交易即是其中典型。此外，人工智能通过与金融机构垂直板块和职能部门充分融合得到广泛应用，如智能投顾、直贷等。

（4）金融科技 4.0：飞速扩张期（未来）

金融科技发展未来将进入 4.0 时代，即基于数据的机器认知时代。机器认知作为人类知识获取的平行途径或辅助性领域，能将知识绝对化，金融科技 4.0 将基于大数据、人工智能、云计算、区块链，引入大模型，利用联邦学习、知识图谱和自然语言分析，对新的物理世界进行阐释、发现和理解。金融科技 4.0 将金融业务模式进行场景化、标准化、数字化升级，要求金融机构升级场景开发、数据集成分析和数字开发运营能力；金融科技 4.0 将形成能够自我更新、自我提升和自我发展的全面生态体系，打造具有开放性、灵活性、可持续性的金融科技环境。

从金融科技的历史进程看,其最初目的是通过技术创新,降低获客成本,提供技术支持,迅速切入金融。伴随着互联网的广泛应用、大数据和人工智能的不断发展,尤其是近年来的区块链技术研究,信息技术与金融业的融合不断突破现有的金融壁垒,大大地改变了金融服务模式。去中心化、区块链为基础、全数据驱动、智能化和自动化综合金融服务平台正在形成,世界正在走向数据和智能主导的未来。金融科技开始改变金融服务本身,为各国经济增长创造新的机遇,服务金融消费者。

6.1.1.4　中国金融科技的发展历程

中国在全球金融科技领域同样占据重要地位,根据京东金融研究院发布的《2017 金融科技报告》,其发展历程可概括为以下四个阶段。

（1）金融电子化阶段（1993—2000 年）

在中国,金融应用电子技术始于 20 世纪下半叶,伴随着中国电子技术的发展,中国金融界开始关注银行业务中电子技术的应用。1993 年,国务院确定加快金融电子化的建设步伐,中国人民银行及各银行金融机构迅速行动,共同努力配合现代通信技术、计算机技术和银行业务、金融工作的结合,以提高金融服务的效率为最终目的,实现金融业的业务自动化。

（2）金融信息化阶段（2001—2005 年）

21 世纪初期,我国金融行业开始在现代通信网络技术基础上,更加关注数据库技术的应用,这个阶段的银行业积极利用现代通信网络与数据库技术,对银行业务数据进行集中处理,以此增强银行业务服务质量和管理能力。

（3）互联网金融阶段（2006—2012 年）

自 2006 年以来,金融机构与移动互联网技术融合推动了网络化的发展。金融业务与信息技术的高度融合,已渗透到系统整合、业务流程再造、金融系统互联互通、金融信息的交换共享、金融领域内信息系统的安全保护机制和保障金融安全的有效风险控制体系的建设、金融标准体系的制定,以及一批新型业务模式、载体和业态的孕育和发展等金融业务与信息技术融合中。

（4）金融科技阶段（2013 年至今）

2013 年后的几年,中国的金融基础设施建设取得长足发展,为中国金融科技的发展构建了良好基础。信用支付环境、信用环境、法律环境、公司治理、消费者保护、金融监管的不断优化为金融科技快速发展提供了坚实基础,大数据、云计算、区块链、人工智能、移动互联网等新技术在金融领域应用日益广泛,大幅提高了金融效率,优化了金融服务。金融科技在支付、贷款、保险、证券、财富管理、征信等金融领域全面深入,成为拉动金融行业创新的新动力。

6.1.1.5　金融科技行业特征

（1）技术创新

从金融科技的主要特征来看,以大数据、人工智能、认知技术、机器学习、分布式账本等新技术为代表的金融科技创新发挥了重要作用,极大改变了传统银行、证券、保险的业务,提供了优质的、高附加值的、低成本的金融服务,大大节约了交易费用,提高了行业效率。

（2）客户体验至上

借助智能手机等信息化工具,金融科技建立了与客户的高频互动、高兼容的产品和服务,以客户体验为中心,降低产品成本、关注和发掘客户的需求,实现产品快速迭代,打造出传统金融服务难以比拟的客户体验。

（3）高扩展性

金融科技以业务伙伴关系、分销通道和自我简化的快节奏,拓展了业务模式、产品和服务。业务技术的支持和可扩展性架构提供了差异化定价和多元客户服务的可定制工具,实现了统一的业务规则和流程,支持了即时准确决策分析。

（4）去中介化

金融科技促进了平台模式的产生和发展,将金融体系的资金供给方与资金需求方直接联系,直接进行交易,减少了中间体的存在,例如 P2P 平台作为信息中介,进行网络上的资金交易,提高了金融效率。

（5）普惠性

金融科技深度融入科技和金融,将新技术如大数据、人工智能等运用到传统金融的信息处理和投资分析决策,降低了金融服务的门槛,原有的对大客户的定制化产品服务,现在正面向长尾客户推广,让中小微企业和无征信记录的个人也能获得均等的金融支持,推动金融的普惠。

（6）合规便捷

高质量的金融技术企业不仅从技术层面具有助力业务拓展的优势，同时还能够更加轻松地保证对监管的要求，从而提高信息的透明度，降低风险和成本。合规对促进金融科技发展是一个内在的驱动力，而非监管所带来的压力。

6.1.2　金融科技在风险控制中的实际运用

6.1.2.1　大数据技术概述

（1）大数据技术

大数据技术的兴起使大规模数据的存储和计算拥有了全新的进展，从而成为包括金融科技在内的各社会领域发展的"引擎"和"燃料"。以数据为核心的大数据技术，是一场被冠以"新一代"之称的信息技术革命，它引发了数据思维、数据模式、数据技术和数据应用实践的创新，如图 6-2 所示。

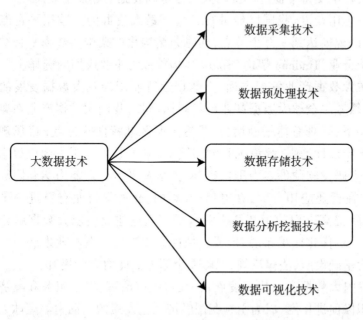

图 6-2　大数据技术的构成

大数据技术具有如下特点。

①数据规模巨大：现代信息社会不断产生庞大的数据，大数据的容量级别也随之不断扩大。

②数据流转迅速：尽管数据规模庞大，但分布式技术、云计算和智能分析等手段确保了数据能被快速处理。

③数据类型多样：大数据涵盖多种类型，从多个角度满足多样化需求，与行业种类紧密相联。

④价值密度低：通过大量数据反映现实问题，由于数据并非专门采集的，因此需要超量数据来满足分析需求。

（2）相关产业发展

在技术不断完善的情况下，大数据服务的数据库、平台等也快速发展，提供的资源也更加全面，应用的范围越来越广，因此大数据的价值、作用得到越来越多机构的认同。

大数据作为信息化的必然产物，随着信息技术的逐渐普及，正在以爆炸式的速度蓬勃发展，并极大地影响经济社会发展，因而各国政府也在相关政策支持中促进和推动大数据基础设施的建设与发展。

在应用角度，我国已经进行了公开最大集群的大数据平台能力测试，测试规模达到一万个节点，同时非结构化的架构大数据平台被广泛应用于企业，Hadoop 架构、Spark 架构等成为主要应用的选择。

在大数据产业发展方面，大数据运行使用涉及大数据发展的各层面、各领域。全球大数据产业市场高速增长，我国大数据产业在典型企业驱动下，呈现总体平稳增长、具有鲜明区域特性的特点；市场规模增长且顶层设计增强，政策机制更加健全；核心技术发展方面取得重要突破，自主研发软硬件实力迅速提升，技术及平台处理能力达到国际领先水平；在行业应用方面，在电信、互联网、交通等行业有更进一步的深化，不断提高人们的生产和生活水平。通过建设国家大数据综合试验区，进一步优化区域布局，形成区域性聚集发展。在产业发展环境方面表现为基础设施、法律法规、保障安全等方面能力有所提升。

我国大数据产业快速发展，正在对政府治理、民生服务和经济转型产生积极促进作用，成为引领我国经济社会发展的新动力。全球大数据市场规模逐步提升，其中软件市场快速增长，服务、硬件市场平稳发展。

从地域分布来看，中国的大数据产业集中分布于经济发达地区，包括京津冀、贵州、上海等，而且彼此分工不同，共同发展大数据产业。

在大数据产业的发展策略上,我们需要加强技术创新,梳理技术现状,改革研发项目立项方式,并加大人才培养和引进力度。同时,优化产品服务,推动资源配置市场化,加强资金支持,创新服务模式和业态。此外,完善基础设施也是关键一环,需要聚焦数据采集传输,加强数据中心布局,统筹算力建设和调度,打造共性能力平台。保障数据安全同样重要,我们需要强化顶层设计,加强技术研发应用,推进数据跨境安全管理,并提升风险监控能力。

6.1.2.2　大数据技术在风险管理中的应用

如今大数据技术给社会的各行各业带来了深刻的变革,当然也包括金融业。金融业是较为信息化的行业,大数据技术更是给金融业的发展带来了便利。

（1）大数据技术与金融风险管理的结合背景

互联网技术迅速发展,各类数据呈现爆发式增长的趋势。银行业作为数据集中的行业,积累了大量的客户数据、业务数据和市场数据,其中蕴含了诸多有价值的信息。然而,传统的信息分析手段不能很好地发现数据背后的内在联系及隐藏的风险信息,无法深度挖掘数据中的内在价值。大数据技术通过大量的、多元化的数据采集、清洗、整合和分析,可以识别数据间的隐含信息和数据信息中的风险信息,有助于满足银行的各类风险管理需要。

风险防范的核心是风险识别、评估和控制,过去的风险识别、评估和控制往往是在历史数据和专家经验的基础上开展,面对复杂多变的市场环境和大量涌现、复杂的金融产品显得无能为力。大数据技术的发展,可以使金融机构实现更丰富的数据采集,更准确的风险识别以及更高效率的风险控制。

（2）大数据技术在金融风险管理中的具体应用

①客户管理与精准营销。金融机构通过收集顾客行为数据、交易数据以及社交媒体数据等非结构化数据来更好地了解客户需要和偏好。大数据技术能够帮助金融机构实现精准营销,削减无用的营销开支,增强客户满意度以及交易成功率。例如,兴业证券通过大数据技术,获得了显著增加的客户数;招商银行通过建立客户流失预警机制,降低了客户流失率。

②大数据征信。传统的征信体系在数据供给、数据容量上受限，无法实现对个人或者企业信用的相关描述。大数据征信通过互联网活动、社交媒体活动、传感器的监测记录等大数据相关技术的运用，更好地计算信用风险。大数据征信的成本比传统的征信体系更加低廉，在其作用下更加容易获取真实有效的信用数据。运用大数据征信的相关信息可以实现与信贷、信用卡类业务的关联。

③信贷风险管理。大数据在信贷风险管理中的应用最为成熟。大数据贯穿信贷管理的始终，从客户获取到审核、授信、贷后管理，在提高风险管控的精确度、敏感度和效率方面，将发挥更大的作用。比如，金融机构通过对客户消费数据、社交关系数据、客户信用数据进行综合分析，对客户还款能力和违约风险的预判将更加精准。另外，通过对客户的分析，能够呈现出客户关系图谱，为找出风险传导链条、欺诈预警等提供帮助。

④金融犯罪防范。洗钱等金融犯罪是互联网金融发展产生的新问题，金融犯罪行为具有隐蔽化和复杂化等特点，大数据技术应用可以帮助金融机构通过对大规模交易数据的关联分析和实时监控有效识别可疑交易行为，金融机构通过在大数据平台上汇聚客户信息、交易记录和外部数据构建金融犯罪识别的反洗钱监测模型来识别和预防金融犯罪。

6.1.2.3 人工智能概述

人工智能（AI）是用电子数字计算机或由其控制的机器模拟、延伸和扩展人的智能，使人类能有效地利用其所有功能，以完成尽可能接近或代替人类智能的各种功能的学科，是理论、方法、技术和系统组成的综合体系，代表了人类探索智能边界的新时代。人工智能技术的构成如图 6-3 所示。

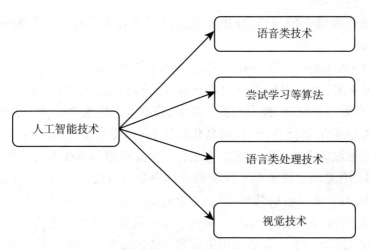

图 6-3　人工智能技术的构成

人工智能具有如下特点。

（1）涉及领域广泛

人工智能的研究领域广泛且具有高度复杂性，不仅横跨计算机学科的核心领域，深入相关学科如心理学、伦理学、哲学中，而且触及智能控制、深度学习等尖端领域，还有人工生命、复杂系统科学等具有重大难度的问题，涉及知识具有多维度、多层次的特点。

（2）服务于人，实现人机协同

人工智能的产生，其本质是为人服务的，它能够做人类所不愿做、不能做或不适合做的事情，能够满足人类要求。利用人工智能实现相关工作的智能化能够提升效率、降低人力，从而发挥辅助作用，实现人机协同效应。

（3）思维融合与自我学习能力

AI 既模拟人类各种智力行为，又力图与人类智力相融，具有计算、思维和感觉三方面的能力，并且 AI 具有强大的自主学习能力，可以在给定的智能程序条件下，有效解决各种偶然的、不稳定的、不确定的问题，并在对现实的反映过程中不断进行自我修改、完善。

6.1.2.4　人工智能在风险管理中的应用

人工智能（AI）技术对金融业的改变在今天早已不再是一个新鲜概念。从智能投资顾问、智能监管，到风险管理、量化投资，人工智能正逐渐改变着金融业的一切,并极大地提高了金融服务业运作的效率与个性化。

（1）人工智能技术与金融风险管理的结合背景

近年来,人工智能在我国飞速发展,并渗透到工业、农业、商业、医疗、教育等各个领域,极大地提升效率、提高人们的生活质量。金融行业属于数据密集型行业,具有信息化程度高、数据资源丰富的特点,是人工智能技术应用的天然土壤。人工智能借助机器学习技术、自然语言处理技术、图像识别技术等手段能够处理海量的数据,挖掘数据背后蕴含的规律,为金融风险的甄别、防范和处置提供更多更有效的工具。

风险管控则是整个金融机构进行金融风险管理的重点内容,在传统的金融风险管控中主要采用历史数据和专家经验对金融风险进行识别、评估及控制。然而,在金融风险不断复杂化、金融产品不断增多的情境中,传统的金融风险管控方式的局限性逐步凸显,人工智能技术能够赋予金融机构更强的风险数据抓取能力,强化了对风险的实时监测、对风险的精准判断,以及对风险控制的预判。

（2）人工智能在金融风险管理中的具体应用

①智能投顾与投资组合优化。智能投顾是人工智能的一大应用,由机器学习算法与自然语言处理技术组成,依托线上对话场景为投资者提供量体裁衣式的投资建议和理财规划。智能投顾的好处主要表现为:首先是最优组合策略,通过判断投资者风险喜好和投资目标等因素,智能投顾可提供最优投资组合,有利于配置资产。其次是个性化分析,根据投资者的个性化需求,为投资者提供个性化投资方案,满足不同的投资诉求。最后是效率高、覆盖面广,智能投顾可快速有效地处理大量数据,并且不受时空局限性的限制,为投资者提供便捷、高效的服务。

此外,目前市场中的智能投顾主要作为传统投资顾问的补充角色,或向用户提供咨询建议,或自动为用户提供产品组合配置。举例来说,通过智能投顾平台,金融科技公司可向用户提供低准入、个性化投资服务,帮用户实现资产增值。智能投顾让投资变得更加高效,降低了投资成本,具有很大的金融创新前景。

②智能客服与客户体验优化。智能客服是人工智能在金融领域的另一个应用。通过自然语言处理和机器学习的方式让智能客服理解客户语言和客户需求,从而为客户提供24小时的在线服务。相对传统客服模式,智能客服有以下优点:第一,服务效率高。智能客服快速解决

客户问题,第一时间做出解决方案,缩短客户等待时间。第二,服务质量高。智能客服通过学习和优化,可以提供更加精准、专业的服务,满足客户个性化需求。第三,成本低。智能客服降低了金融机构对人力的依赖度,运营成本降低。

比如,一些金融机构、银行相继上线了智能客服系统,通过语音输入、文字输入等方式向智能客服进行问询,再受理查询账户、咨询业务以及投诉等相关服务。智能客服不仅提升了客户满意度,也提升了银行以及金融机构的服务效率与竞争力。

③智能监管与风险防控。金融改革发展中衍生出一些新的金融风险,要求监管手段和模式必须符合市场环境。人工智能技术为金融监管活动开展提供了新型模式,通过数据挖掘、机器学习、图像检测等人工智能技术,对金融机构的客户活动、业务和交易、市场交易进行自动化监控和解读,及时发现异常行为和金融欺诈行为等。

例如,腾讯云的保险反欺诈服务就通过人工智能风险管理模型,对保险企业务运营环节(如申请保险、核保、理赔等流程)中的恶意隐瞒、过度投保等欺诈行为做出精准的识别,强化风险管控能力的同时,减少客户认证的途径,提升了客户的体验,并可以通过反欺诈技术进行智能监管,实时侦测和防范欺诈交易。

④自动生成报告与数据分析。为投资者提供专业及时的高质量投行、证券研究报告是日常工作的重要组成部分,在撰写各种固定的模式化报告的过程中需要大量消耗时间、人力,而且很容易出现差错。针对这一枯燥费时的工作,人工智能技术中的自然语言处理技术能将烦琐、重复的工作流程化,自动撰制研究报告,通过机器深度分析、处理海量的非结构化数据,输出报告内容,包括市场分析、投资评级、风险提示等。

自动化报告不仅节省了时间、减少了报告的人为错误,而且还提高了报告的效率和可比性。例如,部分金融机构借助人工智能,设计了自动生成报告系统,能够自动、高效地生成相关报告。

⑤人工智能辅助量化交易。人工智能量化交易是近几年市场发展的新方向之一。机器学习技术下的量化交易,能给投资者提供更强有力的投资交易工具和交易策略。AI机器系统用机器学习技术预测证券市场走势,生成最优的投资组合,进行自动化的交易投资。

比如,有些基金公司通过应用AI技术搭建量化模型,根据历史数据和市场行情来预测个股价格,构建更好的投资组合。人工智能辅助量化交易能够有效降低交易的时间成本和货币成本,提高投资者回报。除此之外,人工智能还能实时感知市场的变化,修正自己的操作,规避市场风险。

(3)人工智能在金融风险管理中的优势

①精准的风险识别。AI能够分析处理规模庞大的结构化和非结构化数据,利用机器学习算法和数据挖掘算法发现数据中的潜在规律和风险线索,相比传统的手段,能够更准确地识别风险信号、预警和预防潜在欺诈交易行为和市场波动。

②实时的风险监控。机器人工智能可实时收集分析数据、监测并及时控制风险。金融机构可利用数据挖掘和实时监控技术及时监测客户交易行为、市场和宏观经济,及时调整风险控制措施。

③个性化的风险管理。人工智能可以根据客户自身特征及风险偏好定制精准的风险管理方式。利用客户行为数据、财产状况、投资目标等信息实现一对一的精准风险管理,并可以提升用户的满意度及忠诚度。

④高效的决策支持。人工智能可快速分析并提取大规模的数据生成高质量的分析报告以及建议决策,借助自然语言处理技术、机器学习技术,将分析结果复杂的数据转变为直观易懂的分析报告、决策建议并提供给银行的管理人员,让管理人员更便捷有效地做出决策。

6.1.2.5 云计算概述

云计算作为分布式计算的一种,在大数据和人工智能技术发展的前提下,为确保大数据和人工智能技术的发展打下了坚实的基础。在全球大数据和人工智能战略的发展进程中,云计算已经成为各国高度重视的关键性信息技术。

云计算是谷歌公司最早提出的新型服务模式,在此模式中,专业人员来管理与维护,用户只需要较低的费用就可以方便快捷地获取与利用大量的资源以满足不同的要求。云计算技术的构成如图 6-4 所示。

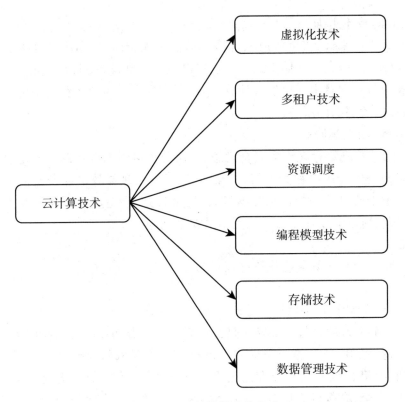

图 6-4　云计算技术的构成

云计算技术具有如下特点。

（1）规模宏大

云计算的"云"规模巨大。用户的需求在持续提高，云计算服务商会不断增加服务器，不断扩大自己的云计算规模，再利用专业团队对其进行维护管理，为用户提供规模巨大的平台和资源。

（2）高度虚拟化

云计算最显著的特征就是虚拟化。虚拟平台摆脱了时间上的限制，通过虚拟平台可以简便地操作数据备份、数据迁移、数据扩展等。虚拟化技术包括应用虚拟化及资源虚拟化。

（3）弹性伸缩能力强

云计算的弹性伸缩能力在于规模可以随着用户的业务需求而伸缩，随时满足用户每日所需要的或是突发性业务的增长，快速部署的应用软件可以让用户更方便地对已有业务进行扩展和开展新业务。

（4）成本低廉

对用户来说，将资源放入虚拟资源池实现管理，比利用物理资源更加高效。不必购买存储空间大且价格昂贵的基础设备，也不用支付高昂的维护与管理费用。通过云计算，用户只需要支付很少的费用即可得到质量好、效率高的服务。

（5）潜在风险高

云计算网络存在许多安全隐患，不法分子可借助云计算技术窃取云计算网络中的用户和商家信息，黑客、病毒的出现导致信息安全面临风险。由于云计算中的信息数据量大、环境复杂，会造成数据使用和滥用的问题，所以需要保障云计算网络的安全问题。

6.1.2.6　云计算在风险管理中的应用

（1）云计算在金融风险管理中的应用现状

①金融云的兴起。金融云是云计算技术在金融业的特定应用形态，为银行、保险、证券等金融机构提供符合监管要求的云产品与云服务。比如，阿里金融云基于强大的云平台计算能力，为金融机构提供经济、灵活、安全、合规的云服务，可为金融客户提供企业专属的金融云，为大型金融机构提供一站式部署，支持金融机构双节点部署，全国多个数据中心支持金融云网点部署，助力金融机构快速实现 IT 系统整合上云、降低业务门槛。

②提升银行业基础架构的弹性。银行业借助云计算技术的力量，增加了基础架构对银行业务和银行运作的支持。银行业运用云计算平台，实现大规模数据的及时处理、高效管理银行运作、优化银行基础架构的弹性发展，对银行信用卡和征信系统应用云计算技术，大大增加了银行数据管理能力和银行运作效率。

③助推保险业业务发展高效化发展。保险行业的积极代表也开始拥抱云计算，联合互联网科技公司实现保险业务变革，如腾讯与阳光保险基于金融云，面向保险业务提供安全高效、稳定、可靠的云计算服务，满足保险行业对云计算安全性、标准化的要求。

④助推证券业创新发展安全化。证券投资公司通过云计算，提高了资源效率，促进了业务转型。例如，申银万国证券建设云计算中心，改变原有盈利模式；招商证券和 Azure 合作建设企业云混合平台，促进了业

务转型和提升客户体验感等。

（2）云计算在金融风险管理中的优势

①提升风险识别效率。利用云计算平台的支持，银行能够对其掌握和拥有的大量结构化数据、非结构化数据进行全面管理，并基于大数据分析和机器学习技术，准确识别业务中的风险类型。例如，在分析客户交易行为、资信状态、市场交易数据的基础上，基于云计算平台的实时性，识别和挖掘异常交易行为和欺诈行为等风险点，使风险管理手段变得更加科学，风险预警变得更早、更及时。

②优化风险评估模型。云服务的优势在于可以为金融机构提供算力支持，金融机构可以借助云服务设计或优化风险模型，从而使得金融机构可以获取更加准确的信用风险、市场风险和操作风险，更科学地制订风险管理计划。

③增强风险控制能力。云计算平台的高度弹性和灵活性可以让金融机构以更高的效率应对市场情况和风险事故，金融机构借助自动化风控工具在风险事故发生后自动做出一定的应对措施，以减少损失。例如，利用云计算技术支撑构建的信贷管理系统能够即时监测贷款状况，改变信贷策略。

④降低运营成本。云计算技术分时共享、弹性扩展的特性可极大节约机构的 IT 建设和运营支出，机构无须花费巨额资金建设自有数据机房，通过云服务按需计费，降低成本。

6.1.2.7　区块链技术概述

区块链最初是比特币的核心技术，比特币出现后，人们对其背后技术——区块链进行研究发现，区块链技术在安全保密及防伪方面具有独特的优势，这为区块链技术的大范围应用提供了坚实的保障。

区块链是继互联网之后的计算机技术新结合，它是指将分布式数据存储、点对点传输、共识机制、加密算法相结合的技术。区块链的出现让数字货币得到发展，也给各行各业带来了新的变革可能性。

区块链技术的核心特点如下。

（1）去中心化的核心架构

去中心化也是区块链最为鲜明的特点。脱离中心化的机构组织，依赖点对点的网络和分布式数据，在这种技术架构下，每个节点可以依靠相关的软件进行读入和存储信息，不需要第三方机构的介入，即形成了真正的去中心化的格局。

（2）公开透明的数据环境

区块链技术具有开源性，其中的数据向所有人开放，人们也容易通过公开的接口得到自己所需要的资料。公开透明的优点，在增加系统可信性的同时为人们带来便捷的数据存取方式。

（3）不可伪造的交易记录

区块链中的加密技术和特殊的数据结构共同造就了区块链数据的不可篡改性。在区块链上的每笔交易都按时间先后顺序上链，再通过非对称的加密技术进行加密，而任何攻击者想要篡改交易记录都是难上加难。

（4）安全稳定的技术保障

区块链中的共识机制、加密算法等安全技术为其提供了保障。修改区块链上的数据内容，一般情况下需要耗费很大的力气。另外，随着节点数量的增加，其改变数据的难度也会越来越高，这就使区块链技术具有较强的安全性。

6.1.2.8　区块链在风险管理中的应用

区块链是一种新的底层技术，对金融行业整体技术架构和业务形态产生较大影响。它依靠去中心化、不可篡改性、公开性以及智能合约技术，为金融风险管理引入了新的发展契机，优化了金融行业交易流程，降低了信息差异风险，提升了数据安全性及开放水平。

（1）票据市场：智能监管与风险控制

在票据市场，虽然电子票据的应用提高了安全性与效率，但是作为依赖"值得信赖的第三方"的一种有价凭证，由于参与者众多，信用风险依然很高。而区块链去中心化的信任机制避免了对一个单一可信第三方的依赖，其交易的记录清晰并且无法篡改，降低了欺诈的风险，其分布式账本和智能合约的特性能够有效解决票据市场的信任问题，进而有效降低票据的信用风险。

（2）支付结算：降低风险与提升效率

第三方支付结算中，传统的支付清算主要依托银行，跨境支付时麻烦、成本高、效率低、风险大。区块链技术将支付结算进行了优化，区块链上的去中心化网络优化了传统支付结算流程。区块链排除了银行代理机构,直接进行交易双方的支付,节约了交易成本,降低了交易风险。区块链的分布式账本可以实时记录交易,可进行当日的清算,缩短交易时间,降低流动性风险。区块链的不可篡改性保障了支付信息的安全性,降低了欺诈和数据篡改的风险,提升了支付效率,同时也大大加强了支付的安全性和可靠性。

（3）保险业务:透明化与效率提升

在保险公司经营中,信息不对称、理赔手续复杂、管理成本高是长久以来困扰保险行业的问题。区块链技术具备解决以上问题的功能。区块链技术中的分布式账本能够对整个保险交易与理赔信息进行记载,区块链技术使所有保险信息的记载公开、透明、真实,解决了保险中的信息不对称问题。同时,区块链技术中的智能合约通过代码完成双方间的程序逻辑判断,在自动执行理赔流程时,避免了理赔过程中的人为因素干扰,提高了保险公司的理赔效率与速度,遏制保险欺诈风险的出现;区块链技术降低了保险公司对中介机构的依赖程度,减少了保险公司保险业务的运营成本,提高了保险资金的归集和分配的透明性,增强了客户对保险业务的信任度。

（4）信托业务:增强信任与风险防范

在信托业务中存在供应链金融真实性难以核查、担保资产造假等情况,这些问题均可以通过区块链技术的分布式账本和智能合约得到有效解决。区块链技术对供应链中的每笔交易详细记录,保证交易的真实性,并降低交易中的信用风险。采用区块链技术对信托计划进行尽职调查及投后管理存证,使信息不可篡改性提高和透明化,增加投资人的信任度。另外,区块链技术可以对接动产担保的实时监控,保证担保资产的真实性与安全性,避免动产抵押信贷产品在实施过程中产生造假现象。

（5）证券业务:优化交易与风险管理

在证券业务上,区块链技术对证券发行、股权交易和清算系统产生极大的影响。由于区块链技术的分布式账本可以对金融资产的股票、债券等实施登记抵押,保证了信息的可追溯性和不可篡改性。上市公司和投资者可在安全高效的操作平台上实现自主交易。同时,将证券交易实现点对点的模式,减少中间环节,增强交易效率,降低交易成本,还可利用区块链实时清算与结算的方式,缩短交易时间,减少流动性风险,降低人为操作风险,从而在提高交易效率的同时大大增强交易的安全性及可靠性。

6.1.2.9 物联网技术概述

物联网技术不仅是互联网技术体系的一个重要组成部分,也是信息技术发展的一个最新技术平台,还是金融领域中的核心技术力量。在互联网技术的世界中,从 1G 的最初萌芽、2G 的稳定、3G 的突破、4G 的飞速发展以及现在 5G 的大爆发,互联网通信技术从过去的慢、窄、低,逐渐发展到现在的高速、海量、高效,是互联网技术通信速度、通信容量、通信效能的大提速。移动互联网设备,特别是移动终端中的手机硬件、软件技术也同步不断提升、换代升级,不仅功能变得更加完善和强大,而且以其为主导,带动了整个互联网技术产业的发展。

物联网是通信网和互联网的拓展和延伸,将感知技术与智能装置组合,使物理世界的每项事物都蒙上了一层数字化的外衣。物联网部署在各种感知终端(红外线、RFID、二维码等),可对物理世界进行全面感知和有效识别,然后将信息高速地在互联网上传递给云 / 边缘计算进行深度处理和信息挖掘,并实现人与物、物与信息之间的互动,从而对物理世界进行实时监测、精准管理、理性决策,并将价值和知识挖掘和提炼出来。物联网技术的构成如图 6-5 所示。

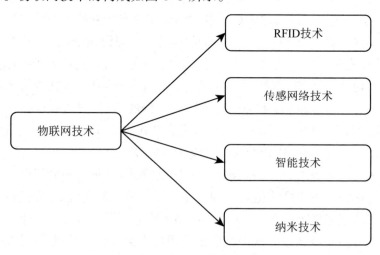

图 6-5　物联网技术的构成

物联网技术具有如下特性。

（1）全面感知能力

感知能力是将物联网各项感知技术，例如红外传感技术、射频识别技术等有机结合，全方位、多角度地获取各种物体在不同场景中的特征信息，例如物体所处的位置、状态、变化的环境状态等信息，并将其提供给接下来的数据处理与决策服务。

（2）无缝信息交互

物联网让物体具有"交流"能力，让物体与物体之间、物体与人之间可以在互联网上进行自由交流、信息共享和信息利用，为智能化、互联化系统的构建提供了条件。

（3）智能处理与决策

物联网可依托大数据、人工智能等先进信息技术对所采集的海量数据进行分析、挖掘和提取，得出其蕴含的相关信息和知识，根据这些信息和知识进行自动响应或决策建议，完成远距离控制、预测预报等一系列动作，大大提升了管理及运营效率，使运营更加智能化。

6.1.2.10 物联网技术在风险管理中的应用

物联网技术依托自身的感知层、传输层、管理平台层以及应用层的架构布局，给金融领域带来了全新的技术解决方案，尤其是在金融领域的风险管理中可以发挥巨大的作用。物联网可以实时提供数据、传输数据以及分析数据、自动化处理数据等，提高金融服务的效率与安全性。

目前，在金融上，物联网应用已从理念逐步落地，在风险控制、支付结算、供应链金融等应用方面均有所突破。例如，利用物联网技术来监控抵押物的价值，降低由信息不对称而导致的风险。供应链金融利用物联网加区块链中的智能合约实现对订单信息、物流信息和支付信息的监控和追溯，为金融机构的数据提供真实有效证明，重塑企业信用画像。

在支付结算层面，物联网通过设备认证、加密、优化通信协议等，让支付变得更安全、更高效。例如，苏州建行的"物联网 + 数字人民币"智能物流解决方案，依托物联网完成物流货物出库到签收全流程的实时数据收集，结合数字人民币智能合约完成智能自动支付。

对于保险来说，物联网设备能够及时采集相关客户的资讯信息，助力保险公司对客户的保费风险进行精准测量。例如，物联网设备通过可穿戴设备对客户的健康信息进行收集,保险公司能够对个人客户针对不同健康情况提供定制化的保险产品。此外,通过健康提示方式来达到降低客户索赔的目的。车联网技术的应用能够保障保险公司对客户车辆行驶情况的全面掌握,以此帮助保险公司实施更加精准的车险产品价格制定。

在银行贷前审批环节,物联网通过对银行动产抵押物的全流程掌控,可以解决重复抵押、空车抵押等风控难点问题。比如,在汽车金融领域,单车定位仪器将车辆使用率、使用情况进行实时记录,有利于了解客户的还款能力。

物联网技术运用在供应链金融上能够解决供应链金融传统业务中存在的质押品很难监管、物流信息不对称的问题,将质押品信息及时传递给金融资源服务机构,便于实现质押品价值保值的有效监督。以浙商银行为例,结合物流、资金流、信息流,通过"四流合一"实现对供应链金融业务的支持,向实体经济提供了有针对性、有效的资金服务。

总而言之,物联网技术与金融风险的融合,能提高金融行业服务的质量,为金融服务的安全提供实时数据的监控和保障,同时还能节省金融机构在风险管理方面的成本开支。目前物联网技术对风险管理的影响和应用还存在局限和不足,物联网在未来运用到金融行业风险管理领域,能将智能合约与金融服务相结合,充分发挥物联网技术对金融管理信息的统计和控制优势,不断提高物联网技术的运用质量,为互联网金融行业的数字化改造奠定更加坚实的理论基础。

6.2 绿色金融与可持续发展视角下的区域金融风险管理

6.2.1 认识绿色金融

6.2.1.1 绿色金融的概念尚未统一

国际上对绿色金融概念缺乏统一认识,主要归因于各国工业化进程的不均衡发展。

具体而言,像英国、美国等发达国家已完成工业化进程,在界定绿色金融时,它们更侧重于气候和环境因素,将未来气候变化及技术调整视为金融机构的风险考量。《美国传统词典》将环境金融视为环境经济的一个分支,研究如何通过多种金融手段来保护生态、保持生物多样性,也就是运用金融工具来解决普遍的环境难题。

与发达国家不同,发展中国家更偏爱以金融活动体现其对可持续发展的定义,如是否使用清洁能源、是否节约能源、是否具备低碳环保性等。2016 年,中国人民银行联合六个部委提出绿色金融是为支持环境改善、应对气候变化、资源节约和高效利用而提供的金融服务,涵盖环保、节能、清洁能源、绿色交通、绿色建筑等项目的投融资、运营及风险管理。

从定义和概念上看,发达国家和发展中国家对绿色金融的理解差异并不明显。但以能源运用为例,国际气候和环境研究中心(总部位于挪威奥斯陆)在评估绿色债券时,将所有对化石能源的投资都排除在绿色金融之外。在中国等发展中经济体看来,任何能够减少化石能源消耗、降低单位能耗的投资都被视为绿色金融。比如,中国将高铁债券归为绿色债券,但这一做法并未被发达国家认可。

从上述分析来看,由于发达国家已经完成工业化,因工业化早期出现的易污染、难治理问题已经不再是今天要讨论的问题,甚至有些国家已经解决了这些问题。所以,发达国家在确定是否属于绿色金融的投资时,不再考虑污染防范和污染治理的作用。对于中国等发展中国家,只要是能够防范污染、治理污染的投资项目就都属于绿色金融,因为该国仍然在推进本国的工业化进程。

6.2.1.2　绿色金融的发展历程

（1）自然环境破坏的严峻形势

纵观人类发展的历史,我们可以看到,人类的发展与繁衍永远都是靠着地球的自然环境。

第一阶段,由于科技水平和生产能力有限,人类的活动深受自然的制约和影响,古人常有"天公不作美"的感叹。在这一阶段,人类处于被动地位,受自然环境的支配。

第二阶段,人类的科技进步、生产能力也得到很大提升。在科学技术的进步下人类试图驾驭自然,为了摆脱自然的束缚,人类无节制地攫取各种各样的物质,并在自然中积极探寻,进而改造和利用自然。这使得自然受到了极大的破坏,人类的自身发展遭到极大的威胁。这虽然成就了人类发展的"黄金年代",却使人和自然矛盾升级。

第三阶段,随着对大自然认识程度的加深,人们认识了自然界和人类之间并无本质性的矛盾,二者和谐共生,人类不仅仅要改造大自然,还要呵护大自然,让大自然成为可持续的基础。

从 18 世纪 60 年代的工业革命开始,人类和自然的关系进入第二阶段,至今依然延续。尤其是"二战"以后,无论各国的经济制度、政治体制、经济结构、发展水平如何不同,各国都以追求经济的增长和发展为国家经济发展的战略目标,将提高 GDP、实现工业化作为衡量国家经济发展的主要指标。这种国家经济发展战略推动了世界经济的高速发展,与此同时,工业化发展带来的全球性的环境危机,如环境污染、生态破坏等问题也愈演愈烈。

如今,世界站在了发展的十字路口。现有的发展模式已难以维系人类的生存和快速发展,自然环境也因数百年的无度索取和破坏而伤痕累累。全球都在寻找新的人类发展模式。

我国作为发展中大国,正处于工业化、城市化过程中,中国在改革开放后,经济高速增长,一跃成为世界第二大经济体,民众生活水平极大提高。但相应地,由这种高速经济发展的模式所带来的二氧化碳高碳排放、资源浪费和环境污染、生态破坏等问题严重威胁国家、人民的身体健康和生命安全,这也倒逼中国反思以高排碳、高损耗、高污染为主要特征的发展模式。

中国很早就考虑环境污染破坏的间接经济损失。早在 2004 年,国家环境保护总局和国家统计局联合调研就指出,各种环境污染损失占当年国内生产总值的 3%,2013 年亚洲开发银行和清华大学更是指出,仅空气污染造成的损失就相当于当年国内生产总值的 1.2%,2016 年根据世界银行的研究,环境污染损失相当于当年国内生产总值的 9%。

2015 年,中共十八届五中全会提出的五大新发展理念包括绿色发展,绿色发展强调发展环境友好型产业,以及节能减排技术措施下的经济增长及与自然和谐共生,在党的十九大报告中,习近平同志进一步强调:"加快建立绿色生产和消费的法律制度和政策导向,建立健全绿色低碳循环发展的经济体系。"绿色发展成为中国经济发展的重要组成部分，而绿色金融也正因绿色发展而提出，对于中国金融业是一次大变革。

（2）绿色金融的兴起

1972 年，联合国首次人类环境会议在瑞典斯德哥尔摩召开。大会第一次专门研究可持续发展问题，会议通过《联合国人类环境宣言》，建立了全球保护环境的 7 条共同信念及 26 项具体原则。

1974 年联邦德国成立了世界上第一家环保政策银行——生态银行，专门为一般银行不愿从事的环保项目提供优惠贷款服务。随后 1991 年波兰建立了环保银行，主要从事环保方面的项目。

1987 年，世界环境与发展委员会在《我们共同的未来》报告中提出了可持续发展战略，定义为"在不妨碍后代满足其需求和发展的情况下，满足当代人需求和发展的能力"。

1992 年，联合国环境与发展大会制定了《21 世纪议程》，正式提出了全球可持续发展的方案。人类开始意识到粗放式经济对自然环境的破坏，确立了可持续发展理念，倡导绿色文明，引导经济发展向绿色、低碳产业倾斜。

1997 年，在联合国气候变化会议日本京都会议上制定了包括通过市场机制削减温室气体的《京都议定书》，碳排放交易市场开始形成。

2001 年，世界银行发布了题为"环境可持续性承诺：世界银行环境战略"的报告，指出金融行业应该推动经济增长、减轻贫困，同时提升环境质量。

2002 年，世界银行国际金融公司与多家著名银行提出了关于企业与社会环境责任的原则，这也是最初的"赤道原则"。

2003 年，包括花旗银行在内的 10 家国际银行与国际金融公司联手发起设立"赤道原则"，赤道原则要求金融机构在向项目进行投资的时候，对环境的影响做出整体评估，通过金融帮助社会协调发展与环境保护。赤道原则的提出引起了全球高度重视，绿色金融制度开始在全球推广。当下，赤道原则已被视为国际项目融资的新基准，全球众多金融机构采用并依据其开展金融推广。

2007 年我国开始提出将绿色金融概念融入经济发展之中，中国人民银行、国家环境保护总局、中国银行业监督管理委员会等联合发布了《关于落实环保政策法规防范信贷风险的意见》，指示银行机构对节能减排不好的企业采取限制的信贷政策，随后发布了《节能减排授信工作指导意见》，指导绿色信贷。

2008 年我国出台了绿色保险、绿色证券、绿色信贷的绿色金融组合。

2016 年 G20 峰会上，中国作为主办方首次将绿色金融纳入国际讨论重要议题，推动绿色金融发展迈向新高度。

6.2.1.3　绿色金融的内涵

绿色金融的概念在国际上尚未形成统一认识，内涵也因国家和社会发展阶段的不同而有所差别。发达国家从不同的角度对绿色金融概念的内涵认知也存在多样性，有的认为绿色金融是一种以市场为依托、降低环境风险、保护生态环境、改善环境质量的环境和金融产业结合的创新型金融模式，有的认为绿色金融是绿色经济可持续发展理论与金融学理论的交叉融合产物，是对环境可持续发展和社会可持续发展的需求，同时也是金融机构实现自身可持续发展所必需的需求。

在中国这个发展中国家，绿色金融的内核也有多种认识。第一种认识是绿色金融的核心在于绿色信贷，在金融事业中，贷款项条件在贷款政策、对象条件、种类、方式、投量、期限、利率等方面对绿色项目予以优惠与支持。第二种认识是绿色金融的核心在于可持续，通过将绿色金融作为金融的经营战略落实环保的国策，通过金融的业务来实现经济和环境的协调发展。第三种认识是绿色金融的核心在于金融工具的创新和使用，通过对绿色金融业务操作手段的发掘来促进环境经济政策和资本市场的运用。第四种认识是绿色金融的核心在于宏观调控，以生态建设为中心，按照市场经济规律，以绿色金融手段及其衍生金融工具来实现环境和经济的协调发展，最终实现可持续发展。

研究者们从本国角度出发对绿色金融的概念、认知提出定义，虽然各国侧重点不同，但是都十分关注通过金融市场运行实现自然环境和社会经济可持续发展。现阶段对绿色金融内涵的认知界定范围仍十分有限，无论是从金融运行方面，还是从政府宏观调控角度出发，抑或是以可持续发展的形式进行开展，都无法涵盖绿色金融的所有方面。绿色金融所具备的先进之处是能够综合考虑社会环境因素、社会效益因素、经济效益因素以及国家发展因素，在实现生态、企业、金融机构、国家之间相互共存并且互惠互利的同时，将环境保护因素也同时加入评价体系与绩效考核体系中，并由此带动金融产品的创新，最终实现"多赢"局面。

6.2.2　可持续发展的金融目标

金融可持续发展的重要理念是绿色金融,即借助金融工具推动经济、社会、环境的可持续发展,从而达到联合国可持续发展目标(SDGs)。可持续发展的金融目标包括以下内容。

(1)支持经济绿色转型

对于绿色金融而言,首要目的是促进经济绿色化,通过信贷支持传统产业低碳化改造以及新兴绿色产业。例如,银行等金融机构给予钢铁、有色金属、石油化工等高耗能产业的绿色低碳改造中长期贷款。此外,绿色金融还有优化结构,绿色建筑产业、绿色交通产业以及资源循环利用相关产业等。

(2)助力环境质量改善

绿色金融是指运用金融手段改善环境,促进环境污染治理、生态保护和应对气候变化相关的项目,如碳金融工具发展碳市场,发展清洁能源、节能和环保技术应用,环境责任保险、巨灾保险等,为绿色项目提供风险保障。

(3)促进社会可持续发展

绿色金融既重视生态环境,又重视经济社会的可持续发展。绿色就业、社会事业、城乡区域协调可持续发展等领域也都属于绿色金融支持的范畴。比如,绿色金融通过支持绿色基础设施建设改善城乡生活环境,提高人民群众生活质量。绿色金融通过对绿色产品的金融服务引导经济社会朝着绿色发展的方向转变等也都是绿色金融支持的方向。

(4)推动金融体系的可持续性

绿色金融的一个目标是构建可持续性的金融体系,例如完善绿色金融制度、提高金融环境与社会风险管理能力。通过金融机构开展碳核算、气候变化风险管理与披露,提高自身绿色金融服务能力;通过绿色金融国际合作交流,进一步推进全球金融体系绿色化。

(5)支持碳达峰与碳中和

绿色金融是实现碳达峰、碳中和的重要抓手,金融机构通过支持低碳项目建设、发展碳市场和绿色技术创新来实现社会经济的低碳发展,如金融机构(特别是银行和保险公司)采用绿色信贷、绿色债券、碳金融等为清洁能源、CCUS 等项目提供资金支持。

6.2.3　绿色金融在区域金融风险管理中的实践路径

随着新经济环境不断变化,绿色金融在区域金融风险管理中不断发挥重要的作用,绿色金融不仅为环境友好型、经济可持续型项目提供融资支持,还为区域金融风险管控提供了新思路与新路径。

（1）绿色金融产品与服务的创新

金融机构能够创新绿色金融产品、绿色金融服务等有效管理区域金融风险的方式,譬如进行绿色信贷、绿色债券、绿色基金等金融产品的设计,为企业对环保、节能、清洁能源等相关项目提供金融支持和保障,也可以对绿色项目在运营中可能面临的环境风险进行绿色保险服务。

（2）绿色金融与风险管理的融合

将绿色金融和风险管理进行结合是区域金融风险管理的一个新潮流。金融机构对绿色金融项目投资决策前要充分考虑项目自身的环境风险、社会风险和社会治理风险,并嵌入金融机构的整体风险管理体系中,通过加强风险评估与监测、预警风险,及早发现和化解绿色项目可能面临的风险,助力绿色项目的稳健运行。

（3）政策引导与市场机制的协同作用

政府在绿色金融发展过程中,要发挥政策引导与市场机制的作用。一是政府应出台相关政策鼓励金融机构发展绿色金融业务,并对优秀金融机构进行表彰和补贴。二是政府应完善绿色金融市场机制,例如设立绿色金融交易平台,完善绿色金融信息披露机制等,为绿色金融市场发展营造良好的市场环境。

（4）跨区域合作与信息共享

绿色金融区域风险防范需要进行区域协同和信息共享,金融机构需要与其他区域金融机构进行合作,共同促进绿色金融项目的发展。同时,建立区域绿色金融信息共享平台,进行信息共享以及数据交换,便于金融机构快速掌握区域情况(包括环境、经济及社会状况),从而为绿色金融投资项目的投资决策提供正确参考。

综上,绿色金融在区域金融风险管理的实现路径为:绿色金融产品和服务实现绿色金融市场新需求、绿色金融与风险管理实现金融嵌入、绿色金融与风险管理实现政策和机制的新合作、绿色金融与风险管理实现区域互动与信息共享。实践路径将绿色金融与风险管理实践、区域金融风险管理相结合,推进绿色金融和区域金融风险管理的融合发展,促进经济社会的可持续发展。

6.3 全球化背景下的区域金融风险管理

6.3.1 全球化背景下区域金融风险的特征

在全球化背景下,地区金融风险的新特征凸显了市场开放的系统性、关联性、多元性、风险性。

6.3.1.1 风险的跨境传导性增强

由于金融市场全球化、资本自由化流动以及信息科技发展,加快了金融风险在不同国家及地域的传递速度,全球金融市场的彼此联系性增强,一国或一地区金融动荡会引发其他国家或地区的金融风险。譬如,汇率、利率、国际资本流动的不确定性,都能成为发生跨境金融风险传导的原因。

6.3.1.2 风险识别和管理的难度增加

在对外开放的环境下,地区性的金融风险除一般性的信用风险、市场风险以及操作风险外,还包含汇率风险、利率风险、流动性风险以及新型的金融科技风险,多种风险的叠加效应提高了识别与管控风险的难度。

6.3.1.3 风险的空间溢出效应显著

全球化背景下引发的区域金融风险也会表现出空间溢出效应。相关研究分析显示,区域间金融风险的出现存在一定空间关联,当前一个区域的金融风险可能在多个方面对其他区域产生空间溢出。例如,区域间的地方政府负债、企业资产负债率、家庭部门的负债情况等通过空间经济活动引发的区域金融风险都将会有溢出效应产生。

6.3.1.4　系统性风险增强

金融全球化导致金融系统风险加剧。受金融市场高度关联的影响，区域性金融风险可能迅即蔓延至整个金融市场乃至诱发一国系统性的金融危机。区域金融业监管机构相应地要强化金融宏观审慎管理。

6.3.1.5　风险的动态性增强

全球化使得区域金融风险动态化、风险形成和演化呈现速度加快等特点，金融市场的迅速变化导致监管和金融机构实时监测和动态控制风险，例如大数据与机器学习等实现风险的监测动态化和及时预警。

6.3.1.6　风险的政策敏感性增强

地区金融风险对政策环境敏感度上升，在全球化时代背景下，货币政策、财政政策、监管政策的变动都可能带来巨大的金融市场变动。因此，政策制定主体需要更加审慎制定和调整政策，避免带来不必要的金融动荡。

6.3.1.7　风险的国际关联性增强

由于区域金融风险的国际化特征在经济全球化条件下逐渐加大，因而跨国金融市场上的危机、全球经济状况以及贸易纠纷等都会对区域金融风险产生间接甚至直接影响。例如，全球金融市场波动中约有 21.1% 被归因于外部金融市场风险溢出，风险溢出主要集中于短中期内。

6.3.2　区域金融风险的形成机制

6.3.2.1　宏观经济因素

区域金融风险的产生受制于宏观经济环境,而经济增速回落、通胀率升高、汇率频繁调整、国际经贸摩擦不断等宏观经济背景均有可能诱发区域金融风险。

经济增长速度下降:企业盈利能力降低,还款能力下降,当国家或者地区的经济增速下降时,可能增加金融机构贷款违约率,提高金融风险。例如,2008 年全球金融危机后,很多国家经济增长速度减缓导致大批企业违约,金融机构资产质量下降。

高通胀:在高通胀背景下,价格增速会超过货币增速,从而使实际利率上升,增加企业融资成本的同时还会引发资产价格泡沫,进而加大金融风险。例如,20 世纪 70 年代的美国高通胀率造就的天量利率水平引发债务危机。

汇率震荡:汇率震荡会引起跨境资本流动、推动国际贸易,进而引发金融市场震荡。例如,本币贬值会导致进口价格提高,进而引发输入型通胀,或是本币贬值引发本币资本外流,加大金融市场震荡。

国际贸易摩擦:由于国际贸易摩擦可能导致贸易壁垒的出现,从而对跨国企业的盈利造成影响,金融风险事件由此滋生。例如,中美贸易摩擦期间双方互加关税,在影响了部分跨国企业供应链的同时加剧了金融市场的不确定性。

6.3.2.2　金融市场因素

区域金融风险的产生是由金融市场结构和效率决定的,不健全的金融市场体系、低效的金融市场配置和过度的金融创新是可能的风险源头。

金融市场发育不足:金融市场发育不完善,将导致资源配置效率降低,扭曲风险定价。比如,某地可能有金融市场分割,无法自由流动,加大金融风险。

不合理的资源分配:不合理的资源分配会引发资源错位配置,优质企业得不到所需的资金,风险企业资金占用过量。金融危机期间,存在较多风险企业由于大量融资引发破产的问题。

过度金融创新:金融创新有利于金融市场的发展,但过分的金融创新也会带来金融风险。例如,一些金融创新是采用复杂化的金融衍生品,其中暗含巨大的风险,倘若市场环境发生了突变,则很有可能短时间内爆发风险。

6.3.2.3 政策因素

政府经济和金融的政策监管因素对于地区金融风险的形成和传导有重大影响。政策的不确定性、监管套利和政策调整滞后都将可能形成金融风险累积。

政策不确定性:政策不确定性可能导致投资人对未来持悲观态度,导致金融市场波动。例如,政府公布一项新的经济政策即将颁布实施,其结果将导致市场由于未来的不确定性而动荡。

监管套利:监管套利指的是金融机构通过钻监管制度的漏洞或不完善之处,从而规避监管规定获取不正当利益的行为,可能会放大金融风险。例如,部分金融机构通过复杂的金融交易来规避资本充足率等规定,会加大整个金融体系的脆弱性。

滞后性政策调整:政策调整出现滞后性会加剧金融风险积累。一旦出现了经济过热问题,倘若政府没有及时推出紧缩政策抑制通货膨胀和资产泡沫,这些金融风险则有可能在未来某个时点爆发出来。比如,对房地产政策调整滞后,导致房价过快上涨,会引起房地产泡沫和金融风险。

6.3.2.4 空间溢出效应

除了内在因素外,区域金融风险的形成还存在空间溢出效应。某区域的金融风险可能在贸易、投资与金融中传播到其他区域,形成区域金融风险联动现象。

贸易通道:贸易关系密切的地区,会通过贸易通道发生金融风险的传染。例如,当某一地区出口遇到冲击时,其贸易联系密切的地区的进口也将受到影响,进而可能发生连锁反应。

跨境投资：跨境投资也可能是金融风险传染的渠道。如果一国某一地区的投资风险加大,投资资本可能会从该地区撤回并迁往风险较低的其他地区,导致资金外流地区的金融市场失衡。

金融市场渠道：由于金融市场联系紧密,金融风险通过金融市场渠道能迅速传导。例如,某个地区的金融市场如果发生动荡,往往会引发其他地区出现金融市场恐慌性抛售、资本外逃等情况。以中国东西地区金融风险为例,因为东西地区金融联系密切,东部地区的金融风险很有可能通过产业链、资金链等渠道传导到西部,继而破坏整个区域金融体系。

6.3.3　区域金融风险管理的策略

在国际化发展进程中,区域金融风险管理策略应当与国内外的经济发展情况和金融市场情况相结合、与多种金融风险因素的相互牵连性相结合,只有如此,才能有效提高区域金融风险管理策略的有效性,从而推动区域内经济发展问题的有效解决。对区域金融风险管理策略分析如下。

6.3.3.1　建立全面的风险管理体系

构建全面的风险管理系统,对区域金融风险实行全面、多层次的管理是区域金融风险管理的基础。这就要求对系统中的各个流程如风险辨识、风险估测、风险预警和风险管控进行全程管理,以规避风险。

风险辨识：搜集、统计和研判国内外经济金融信息,识别具有诱发性的风险,如经济增长率下滑、物价上升、外汇波动、贸易摩擦等；也要注意辨识金融市场内部结构性风险,如金融杠杆率居高不下、资产虚化。

风险估测：对已经识别出来的风险因素进行量化的风险评估,确定风险的影响程度和风险可能导致的损失,通常需要借助专门的风险评估模型和手段,比如压力测试、情境分析等。

风险预警：构建风险预警体系,对金融市场和风险因素进行动态监控,通过制定相关风险的预警指标与标准,及时识别相关风险,以为风险应对提供决策依据。

风险管控：结合风险评估和监测情况,采取必要的风险应对策略,包括调整投资组合、提升内部控制和资本充足水平,以此控制风险的敞口和风险所造成的不利后果。

6.3.3.2 加强宏观审慎监管

宏观审慎监管是预防系统性风险、维持金融稳定的制度设计。区域金融监管机构应该更加重视跨境资本流动、金融市场互联等背景下的宏观审慎监管。

逆周期:通过逆周期政策平滑经济周期波动给金融系统带来的冲击,在经济景气时期收紧金融调控政策,抑制资产价格泡沫和金融杠杆,经济萧条时期放松金融调控政策,促进实体经济发展。

跨境资本流动管控:提高跨境资本流动监测管控,避免跨境资本流动异常冲击金融市场,开展跨境资本流动预警、外汇监管等。

系统性重要金融机构监管:加强对系统性重要金融机构的监管,保证充足的资本和流动性缓冲以应对金融风险,并且加强对其业务模式和风险的监督。

6.3.3.3 提升金融机构风险管理能力

金融市场是金融机构发挥基础作用的重要阵地,金融机构的金融风险管理能力也对金融风险的区域化具有直接影响,所以,增强金融机构金融风险管理能力是区域金融风险管理的首要因素。

健全内控管理机制:建立内部控制制度、风险管理制度、内部审计制度等,使金融业的业务运营能够在内控管理的前提下完成,有效提高金融机构业务运行的合规管理及金融风险可控性。

加大风险管理人员培训与引进:提升金融主体机构的风险管理能力,培养以及引进风险管理人员队伍。风险管理人员包括风险管理师、数据分析师、风险评估师等,其向金融主体提供合理的风险干预和建议。

提高风险管理技术水平:运用先进的风险管理技术工具,如大数据、人工智能等,提高风险管理的效率和准确性,这有助于金融机构更快速地识别、评估和应对潜在风险。

6.3.3.4　促进区域金融合作与协调

在全球化背景下,区域金融合作与协调对于共同应对金融风险、维护金融稳定具有重要意义。

强化信息互换:建立区域间的金融信息互换机制,增进各国金融监管当局的信息交换,有助于及时发现并处置跨境金融风险,提高金融监管效率和作用。

协调监管政策:在区域金融合作机制内协调各国金融监管的政策,保证监管的政策标准一致性及互补性,避免由于监管标准差异而产生监管套利现象和监管真空情况,避免重复的金融监管活动,降低金融监管成本。

共同应对金融风险:当出现共同金融风险时,各金融监管当局要密切协调与合作,进行应对处理,如给予流动性支持、金融救助计划等,保持区域内金融稳定。

6.3.3.5　推动金融创新与风险管理并重

金融创新是金融市场发展的引擎,因存在创新风险而具有两重性。如何通过发展金融创新,兼顾防范金融风险,实现金融创新与金融风险处置的平衡,需要我们未雨绸缪。

重视创新,推进金融创新:鼓励金融创新,对开展的创新业务进行全面监管,对创新业务进行风险评估;金融创新业务必须符合法律规定,满足可持续发展要求。

设立风险隔离机制:针对创新业务带来的潜在风险,设立风险隔离部门、风险隔离机制,阻止风险蔓延至整个金融体系。

强化对投资者的教育与保护:提高投资者的风险意识及自我保护能力,加强投资者的教育及培训,建立对投资者的保护机制,保障投资者在金融创新行为中的合法利益。

6.3.3.6　完善法律法规体系

良好的法规制度是区域金融风险防控的基石,通过立法、实施,明确金融监管部门及其权限,规范金融市场行为,降低金融风险发生的概率。

完善金融监管法规:按照国内外金融市场变化和发展趋势,加快制定完善金融机构管理、金融市场监管、跨境资本流动管理等方面的金融监管法规。

从严执法:对金融的违法违规行为加大查处力度,增加金融违法违规成本。通过严惩、重罚等措施实现金融市场的公平、公正和透明。

推动金融法治建设:加强金融法治建设,提高金融监管的法治化水平。这包括完善金融法律体系、加强金融监管执法队伍建设、提高金融监管人员的法律素养等。

6.3.4　区域金融风险管理的国际合作

面对当今的全球金融市场,一个国家、地区已经难以解决当前日益复杂多变的国际金融市场问题。因此,国际合作是各国、各地区共同防范金融风险的必要形式。通过政策协调国际合作、监管合作以及分享经验,联合防范区域性金融风险。

6.3.4.1　国际金融监管合作的必要性

由于跨境金融风险具有区域性,因此各国对单一地区或国家内的金融风险进行监管是无济于事的,比如世界金融市场的联动使得各国金融的稳定性问题都可能产生全球扩散或联动,金融监管的国际合作在遏制跨境金融风险中作用极大。因为跨境金融风险需要一个国际范围内的金融监管信息网络,跨境之间、国家之间可以针对金融风险的稳定与促进形成信息共享、互相监督的良好局面,从而达到针对金融风险的预警和制止作用。

6.3.4.2　国际金融监管合作的机制

国际金融监管合作可以通过多种机制实现,包括双边和多边协议、国际组织框架以及区域联盟等。例如,国际货币基金组织(IMF)和世界银行等国际组织在推动全球金融监管合作方面发挥着重要作用。这些组织通过制定国际金融标准、提供技术援助以及开展金融部门评估等方式,推动全球金融监管的协调与合作。

6.3.4.3　区域联盟与金融监管合作

区域联盟在推进金融监管合作中起到了一定的作用,如欧盟已建立了金融监管的统一框架,提升了成员国间的金融监管合作程度,在提高区域金融监管效率的同时降低了区域金融监管监管套利可能性。亚洲基础建设投资银行等新型的国际金融机构也为区域金融合作提供了新的平台。

6.3.4.4　应对跨境风险的具体措施

具体而言,在防控跨境金融风险过程中,需要做到以下几点。

①健全跨境资本流动监控机制,建立跨境资金流动的全流程监测体系,借助大数据分析技术与人工智能技术开展跨境资金流动监测,有效提高跨境资金流动监测的前瞻性与精确性。

②提高国际金融治理合作力度,借助跨境监管信息共享平台对金融数据进行监管合作和信息共享。

③增强金融机构自身的风险防范处置能力,从内部管理入手,健全、完善金融风险防范机制,借助信息化、数字化技术,增强和提高金融风险识别和预警能力,超前制定应对金融风险的政策和措施。

第 7 章　新经济环境下区域金融风险管理的创新策略

新经济环境下区域金融风险管理面临新问题和新挑战。金融科技的进步、绿色金融的倡导、全球经济大环境的变化使区域金融风险管理传统理念和风险管控技术跟不上新经济金融环境的变化,因此,本章对区域金融风险管理的新理念、风险管理技术与方法创新、风险预警系统优化、监管问题解决、协同合作等问题进行探讨,让区域金融风险管理与时俱进,努力从被动应对转换为主动管理、从孤立的风险转换为体系性风险、从封闭的风险管理转换为开放的合作、从一时的利益考量转换为持久的可持续发展。

7.1　更新区域金融风险管理理念

在新形势下,区域金融风险管理面临的挑战更大、机遇更多。金融科技的飞速发展、绿色金融理念的不断涌现和全球范围内经济社会格局的深刻变化,使得曾经有效管用的传统金融风险管理理念方法难以为继,无法全面应对错综复杂的经济金融形势。因此,及时修订并升级区域金融风险管理理念是维护区域金融安全持续发展的重要前提。

7.1.1　从被动防御到主动管理的理念转变

过去金融风险管理的价值观念是以防守为主的风险管理理念,以风险防范和管控为目标,对风险进行识别、评估、控制,被动防止风险发生造成金融风险和区域经济的影响来降低其对区域金融的影响。新经济形势下,这种防御型的做法已跟不上时代脚步,对于区域金融业而言,传统的风控思维明显不够,金融机构和监管机构必须转变思维,将风险管理作为创造价值的一种有效手段和工具,而非传统的风险预防机制。

主动识别与灵活应对风险成为新的要求。金融机构和监管部门需要未雨绸缪,提前洞察潜在的风险点,并采取积极有效的措施予以应对。例如,近年来的金融科技高速发展,要求金融机构主动研究由新技术引发的信用、市场、操作等新技术风险,提前谋划、部署风险管控,而不是风险火山爆发了才亡羊补牢。

同时,风险管理与业务发展的深度融合也成为新的趋势。传统风险管理与业务发展是割裂甚至完全对立的关系。而在主动管理理念看来,业务发展与风险管理相辅相成,将风险管理作为业务发展的重要基础与有力支撑,通过风险管理方法的持续提升,金融机构能更及时地抓住市场机会,实现业务发展稳步推进的目标。

7.1.2　从单一风险到系统性风险的理念更新

基于新经济环境下的区域金融风险发生具有更加复杂的关联性,而且往往是由一个金融主体的风险通过金融市场、信贷市场以及支付系统等诸多层面得以急剧扩散,最终影响整个金融体系风险。为此,区域金融风险管理的观念将着眼于从单一风险到系统性风险的转移。

准确识别、有效计量、全面监测系统性风险是金融风险区域性管理的关键,金融机构和监管当局要构建健全的系统性风险监测体系,结合宏观经济背景变化、金融市场波动状况、金融机构的相关性等因素,综合评估区域金融体系的稳定性。

此外,还应引入宏观审慎管理理念。宏观审慎管理理念是从宏观层面切入,控制系统性风险的产生,通过对金融机构资本充足率、杠杆率和流动性等重要指标的严格监控,保证金融体系整体稳定。将宏观审慎管理理念用于区域金融风险防范管理,能够切实控制风险的跨机构、跨市场传染,保证金融体系稳定。

7.1.3　从封闭管理到开放合作的理念变革

传统的金融风险管理理念侧重金融机构内部的风险防控,忽视和外部相关主体的风险防控合作。但在新经济背景下,地区金融风险防控主体不仅有金融机构,还有监管部门、企业和地方政府等。因此,开放合作共赢的理念转变是新时期金融风险管理的必然选择。

鼓励金融同业之间增强信息共享和紧密合作,共同处理辖区性金融风险,如出现区域信用风险时,银行可以通过建立联合征信系统,实现企业信用信息间的共享和交流,提高风险判断的精准性和效率。

同时,跨部门协同合作也成为区域金融风险管理的关键一环。监管部门要加强与金融机构的沟通和合作,更新监管政策,确保监管措施的有效性和针对性;地方政府要通过制定与执行财政政策和产业政策的方式保障金融机构风险管理工作的顺利开展;企业要不断提高自身风险管理工作效率,加强金融机构沟通,实现共赢。

7.1.4　从短期利益到长期可持续发展的理念升华

新经济时代背景下的区域金融风险管理不能只重短期利益,而应重视长期性可持续发展。绿色金融的兴起为区域金融风险管理发展提供了全新理念和思路,就是在区域金融风险管理过程中,兼顾环境和社会治理(ESG)因素,实现金融发展与环境保护、社会和谐相互协调和共赢。

ESG 理念的融入成为金融机构投资和信贷决策的新标准。金融机构在支持区域内的基础设施建设项目时,应全面评估项目的环境影响、社会效益以及治理水平,确保项目符合可持续发展的要求和目标。

从短期利益到长期可持续发展的理念升华,要求金融机构和监管部门树立长期价值创造的核心理念。通过积极支持绿色产业、科技创新以及普惠金融等领域的发展,金融机构不仅可以有效降低风险,还可以实现长期的经济效益和社会效益的双赢局面。这不仅有助于金融机构的稳健发展,更为区域的可持续发展注入了新的活力和动力。

7.2 创新区域金融风险管理技术与方法

在新经济时代,区域金融风险管理面临很多复杂的、不确定的难题。传统的风险管理技术和方法,因处理数据容量有限、评价模型缺乏流动性、很难识别新产生的风险等问题,已不能应对不断发展的风险识别、衡量与管理诉求。因此,探索和创新区域风险管理技术和方法是不断推进区域金融风险管理、保障金融安全、实现可持续性的关键所在。本节从金融科技、大数据与人工智能技术、区块链技术以及绿色金融技术这四个方面的应用,探索利用技术力量实现区域金融风险管理的再升级。

7.2.1 金融科技在区域金融风险管理中的应用

区域金融风险在金融科技的快速推进下,呈现出在风险管理工具和手段上的更新换代,同时金融和科技的充分融合有效提高了风险管理的效率和精度。

(1)大数据与风险识别

大数据技术具备强大的数据处理能力,可以统筹考虑金融交易数据、金融产品数据、客户行为数据、社会和经济数据、政府数据等多维度信息,整体把控整个区域金融风险的信息感知和预警能力。金融机构利用大数据技术,可有效预知潜在的信用风险、市场风险和操作风险等。例如,深入挖掘客户的消费习惯、信用数据、社交数据等信息来分析客户信用度,提高客户的信用度,进而改善其信贷业务申请的现状,减少不良贷款发生率。

(2)人工智能与风险预警

机器学习和深度学习算法是人工智能技术的典型代表,在复杂的风险大数据分析和建模方面有较高的计算效率和准确性,有利于风险评估的精准判断。金融市场参与者利用机器学习算法实现信用风险预测模型的构建,对企业的信用情况进行动态监测,及时调整信贷决策,最大限度规避企业信用风险。同时,AI 技术可辅助搭建信用风险预警模型,实施动态监测预警机制,掌握企业经营和市场行情等各方面因素,及早发现风险隐患。

（3）区块链与风险管理

区块链所具有的去中心化、不可篡改以及公开透明的特征为区域金融风险管理提供了一种全新的途径。在跨境金融、供应链金融、数字资产等方面都可利用区块链技术的优势使信息不对称减少,使透明度增加,从而使操作风险和欺诈风险得到大幅度的降低。比如,在供应链金融领域利用区块链技术能够提供对货物运送状态、资金流向和相关交易凭证的实时记录,从而保证交易的真实性和安全性,为金融机构提供可靠的放贷参考。

7.2.2　大数据与人工智能技术在区域风险管理中的应用深化

大数据和人工智能技术作为金融科技的核心组成部分,在区域金融风险管理中具有广阔的应用前景和深远影响。

（1）风险预警模型的优化

传统风险预警模型以历史数据、经验公式为基础,很难适应多变的市场状况;大数据与人工智能技术能通过实时分析大数据实时获取的风险信号建立动态的风险预警模型,及时抓住市场风险信号。例如,对区域内宏观经济数据、金融市场数据和企业财务数据进行机器学习算法分析,可以实现对区域系统性风险的预警,提早为金融机构争取决策空间。

（2）智能投顾与风险管理

智能投顾平台利用人工智能算法来为投资者提供不同的投资建议和风险管理工具。在区域金融风险中,智能投顾技术可应用于投资者的风险偏好的研究,将其有效落实到区域金融风险的管理中,改善投资者的投资情况,为降低金融领域中的市场风险提供了很大帮助。比如,利用智能投顾平台可对市场的变化和投资者资产组合进行分析,自动有效控制组合,进而减少投资者因金融风险所受的损害,将风险控制在可控范围内,从而使资产保值增值。

（3）欺诈检测与反洗钱

欺诈检测和反洗钱主要凭借大数据和人工智能技术的优势。通过对交易信息、客户行为以及资金流动等展开数据化处理，能够实时分析交易异常行为，及时发现潜在欺诈和洗钱行为，运用机器学习算法模型展开欺诈检测，能够在短时间内发现交易高风险，并且能够及时限制交易进程，防止欺诈行为发生，维护金融交易机构和客户的合法权益。

7.2.3　区块链技术在区域金融风险管理中的创新应用

区块链技术凭借独特的去中心化、不可篡改以及透明性特征，为区域金融风险管理带来了全新的视角和解决方案。

（1）跨境金融风险管理

在跨境金融方面，区块链技术可以有效缓解信息不对称与降低交易成本，提升跨境支付的效率与安全。建立跨境支付和结算平台，使得金融机构可以根据区块链技术实时监督资金流向，保证交易的安全性。例如，Ripple跨境支付区块链应用依靠去中心化的账本技术使得跨境资金的实现变得简单高效、低成本且零风险，而且免去了汇率风险及操作风险，为跨境金融交易提供更多便捷、安全的方案。

（2）供应链金融风险管理

供应链金融众多参与主体与复杂的交易场景容易导致信息不对称以及操作风险。而区块链建立在供应链金融平台之上，能够实时传递信息并且信息不可篡改，降低了操作风险与欺诈风险。例如，供应链金融平台上利用区块链记录货物的运输状况、资金的流动情况以及交易证明等，使金融机构充分保证供应链金融活动的真实性与安全性，为中小企业提供融资服务。

（3）数字资产风险管理

随着数字货币及数字资产的发展，数字资产的风险防控成为区域金融风险管理的重要组成部分。区块链技术能够运用智能合约及去中心化的账本，帮助数字资产实现安全存储及交易，降低数字资产失窃风险、市场风险等。例如，基于区块链技术的数字资产交易体系能够保障数字资产的交易过程是清晰、可追溯的，可以有效杜绝数字资产欺诈、洗钱等情况。

7.2.4　绿色金融技术在区域金融风险管理中的融合应用

绿色金融是新经济背景下的地区金融风险管理的组成部分,是地区金融风险管控与可持续发展目标相结合的一个过程,其借助金融科技的方式解决绿色金融风险管理与科技融合的问题。

（1）环境风险评估

绿色金融科技运用大数据、人工智能算法等技术对绿色项目环境绩效与风险进行量化分析,金融机构可以通过环境风险评估模型识别出绿色项目风险关键点,科学地进行绿色信贷决策。例如,评估绿色项目碳排放数据、能效以及环境影响等,帮助金融机构更好地评估绿色项目的环境风险等级,从而为绿色项目提供有的放矢的绿色信贷融资。

（2）绿色债券与风险管理

绿色债券是绿色金融的重要手段,通过募集资金投入绿色项目,推动环境保护与可持续发展。区块链技术设计的绿色债券发行和交易平台,可以帮助实现绿色债券资金使用专款专用,减少信息不对称以及操作风险。比如,区块链记录绿色债券的使用情况以及绿色项目的进展程度等信息,投资者即可通过这一平台及时掌握绿色债券对环境的影响,降低投资风险并提升投资收益。

（3）碳金融与风险管理

碳金融市场是绿色金融的组成部分,交易的是环境权、用能权、碳排放配额等环境权益产品,可以促进碳减排及环境保护。运用大数据和人工智能技术可以给碳金融市场提供相关的碳排放实时监控数据和风险预警。例如,金融机构可以以此为基础研究碳价变动、市场交易数据和相关政策调整情况等内容,优化碳金融产品的结构和风控策略,从而给投资者提供更稳定、更持续的投资方案。另外,可以借助碳金融市场对投资者的碳减排激励作用,带动企业减少碳排放、转型绿色发展。

7.3　优化区域金融风险预警系统

面对新常态,区域金融风险预警系统的完善也是决定整体金融管理工作水平提升的重要工作,同时还需要作为保证金融稳定和避免整个系统性风险的重要保障。由于金融市场的复杂性及复杂环境下金融风险的多样化及隐秘化,加上传统风险预警系统的单一性,越来越难以适应实时预警、准确预警、及时监控的市场发展要求。由于金融市场动荡、跨国间的资金流频繁、新型金融产品层出不穷等,风险管理预警系统必须基于技术创新、机制体制及流程完善,对金融系统风险进行全面完善的升级,从而提高预警的时效性、准确性。

7.3.1　强化数据整合与分析能力

优化区域金融风险预警系统的首要任务,是进一步强化其数据整合与分析能力。这要求预警系统能够实时、全面地收集并整合来自多渠道的数据信息。具体来说,预警系统应整合金融机构的各种交易数据、财务报表(金融机构健康度与风险暴露程度数据的来源)、市场监督管理部门的政策公告和监管报告(监管环境变化和政策引导信息的来源)、GDP 增长率、通货膨胀率等宏观经济数据供应商(宏观经济数据分析的来源)、舆情数据(社交媒体舆情信息的来源)等。

通过采用大数据技术、先进的数据挖掘算法,例如,Hadoop、Spark 等分布式并行化的大数据分析处理工具与技术,Apriori、FP-Growth 等关联规则挖掘算法,对这些海量数据进行彻底的清洗、去噪、整理和分析处理。清洗过程中要剔除重复、错误或无关联的数据,确保数据的可靠性;去噪过程中要识别数据中的噪点和异常数据,并将其剔除,实现提高数据质量和降低噪音的目标;整合过程中要实现对多个来源(渠道)下的数据进行关系关联和整合,使数据分析能够多角度、多方位地进行处理与描述,最终形成一种数据视角;分析过程中要能挖掘出风险信号或趋势特征。

此外,实行数据质量监控制度,对数据的准确性、完整性、时效性定期进行检查、评估。可以采用数据质量评分卡、数据质量仪表盘等工具,对数据质量进行量化评估和可视化展示。确保数据的质量满足预警系统的需求,为风险预警提供坚实、可靠的数据基础。

比如,某地的金融风险预警平台通过对银行、证券、保险等各类型金融数据,以及宏观经济数据、市场监管数据、网络自媒体数据等的集成,建立了统一的数据仓库,基于大数据技术的数据挖掘算法对数据进行分析和挖掘,成功地发现多起金融风险事件的苗头,并为监管部门提供及时的预警和处置建议。

7.3.2　构建动态、智能的风险预警模型

传统风险预警模型一般都是根据历史和经验公式建立的,在复杂多变的市场环境中是不适应的。因此,必须建立动态化及智能化的风险预警模型。

这些模型需要能结合实时市场、宏观经济、金融机构运行和国际金融市场等信息,动态调整模型的预警参数和预警阈值。例如,在市场发生剧烈波动后模型可以自动调节风险预警阈值,增强风险预警灵敏度;当宏观经济数据出现异常变化的时候,模型应该可以及时调整预警参数,反映经济环境对金融风险的冲击。

同时,借助机器学习、深度学习等人工智能算法,对模型进行更新迭代。可应用 SVM 支持向量机、RandomForest 随机森林、神经网络算法对风险预警模型进行训练与测试,增强模型的准确性和稳定性。通过学习适应新市场和新风险特征,保持模型预警的时效性与准确性。

另外,建立模型验证、评估制度,对模型进行定期的回测、验证。通过历史数据回测、交叉验证等方法对模型的预警能力进行评估、验证,保障模型在应用中的有效性,为风险预警提供有效支撑。

例如,金融机构对交易数据、市场信息等建立了机器学习的智能风险预警分析模型,可以对风险指标或者异常交易行为做到实时监控,自主完成预警,自主寻找风险信息。随着时间的累积和对机器学习的学习和训练,这些模型可将预警精度提高到 90% 以上,为金融机构提供及

时、精准的风险预警。

7.3.3　提升预警系统的响应速度和敏捷性

在新时期下,金融风险的扩散速率很快。金融风险一旦爆发,可能进一步扩散到整个金融行业,给金融行业带来难以估量的损失。因此,要提高区域金融风险预警系统的灵敏性,做好区域金融风险预警系统的完善工作。

这要求预警系统实时监测市场、金融机构的经营情况,对出现的风险点或风险异常行为及时触发警报,可以采取流式处理、实时计算技术,对实时数据进行处理分析,及时识别风险。同时,建立快捷有效的预警信息传导机制,确保及时、有效传达预警信息,也可以采用短信、邮件、手机 App 推送等方式传导预警信息。

此外,要制定快速反应机制,明确规定各部门在发生风险时如何处置、由谁负责、怎样分工等,制订具体的风险处置预案和具体的风险处置程序,从而确保风险发生时能够及时、有序地快速处理。同时,加强应急处置演练和应急处置培训,增强各部门对风险预警信号的关注和风险处置能力。

比如,某地金融风险预警平台完善了实时监测和快速处置制度,利用流式处理实现实时数据快速加工,一有风险苗头便自动触发预警并启动风险处置预案及操作流程;明确了各部门在风险处置工作中的职责和分工;通过演练和培训提升了各部门的风险处置应急能力,有效化解多起金融风险事件。

7.3.4　加强跨部门协同与信息共享机制建设

金融市场风险的管理离不开金融机构、金融监管部门、企业、地方政府、高校科研机构等多元主体的参与互动。因此,优化区域内金融风险预警机制须建立部门协同机制和信息共享机制。

这就要求预警系统建立完善的信息共享平台,确保各部门间信息互通,可以借助云计算、大数据等技术建设统一的信息共享平台,实现数据集中存储、共享管理,同时制定统一的数据标准和接口规范,保障信息部门间的互联互通。

定期召开风险管理工作会议,建设风险信息数据库,实现资源共享,联合进行风险识别。例如,形成风险管理联席会议制度,定期召开风险管理联席会议,交流风险管理工作;建设风险信息共享数据库,实现风险信息共享;联合开展风险评估工作,对区域金融风险进行共同认定。

此外,加强与金融国际监管机构的交流与协调,共同应对国际金融风险。可参加国际金融监管机构的合作项目和研究,学习借鉴国际先进风险管理经验技术;加强与国外金融监管机构的交流沟通,共同应对跨国金融风险。

例如,我国某地区金融风险预警建设跨部门信息共享平台,实现了金融部门、监管部门、企业等部门的信息共享、协同作战。通过定期召开风险工作例会,建立风险信息共享库等形式,促进了部门合作、协调交流;积极参加金融监管组织的合作项目和研究活动,强化了风险监管的国际化。

7.3.5　引入可视化风险展示工具和技术

为了更直观地展示区域金融风险状况和预警结果,优化区域金融风险预警系统,还应引入可视化风险展示工具和技术。

可视化工具与技术能把复杂的风险数据与信息以图表、报表、地图等多种形式直观展示出来。使用数据可视化软件或工具,比如 Tableau、Power BI 等将风险数据转化为图表、报表等,便于决策者与风险管理人员快速读懂风险情况。使用地图可视化技术将风险信息在地图上进行显示,直观揭示风险的地域分布和走向。

还可以引入虚拟、增强虚拟现实等创新技术,开发虚拟现实场景,对风险情况进行直观形象展示,相关管理人员和决策层通过佩戴 VR 或者 AR 眼镜等设备,在虚拟的金融市场中体验风险状况与风险趋势,有助于风险管理人员和决策层决策。

例如,一家银行引进了数据可视化系统及地图可视化系统,将风险数据分析以各种图表、报表、地图呈现出来,决策管理人员和风险管理工作者可以直观地查看风险情况和风险趋势,辅助风险管理决策。又如,某银行尝试了用虚拟现实方式表现和模拟风险事件。

总而言之,构建区域金融风险预警体系是一项实现新形势、新常态下提升区域金融风险管理能力、维护区域金融安全的重大战略举措。提高金融风险预警数据处理能力、健全风险预警运行模型、提高预警系统灵敏度、扩大金融预警跨部门协同机制建设与信息共享机制、使用和引入区域金融风险预警可视化的工具和相关技术等是提升区域金融稳定性与全面性、预警效能与准确性的最有力保证和前提条件。

7.4 解决区域金融监管问题的对策

在经济发展背景下,传统的地区金融监管模式受到了冲击,金融市场发展水平的提高和金融创新步伐的加快等都将扩大原有的监管范围并加大监管难度,但是地区金融监管资源的有限性限制了监管工作的实施。因此,需要制定和实施有效措施来保证地区金融监管工作顺利实施,从而确保地区金融体系的稳定。

7.4.1 区域金融监管存在的问题

新形势下,金融市场的变化及区域金融监管所面临的客观条件以及金融领域的发展因素变化,都使得区域金融监管环境变得尤为复杂,同时也存在较为严峻的机遇与挑战。比如,在金融服务环境中,各项金融理论不断拓展,我国区域金融综合监管方法的思维范围还在持续扩大之中。

(1)监管范围扩大与难度增加

金融市场不断发展,金融创新活动不断涌现,金融市场中不断出现新的金融产品和服务,所以金融监管范围不断扩大。与此同时,金融风险的隐蔽性、多样性也越来越强,金融风险监管变得越来越复杂,传统监管模式不能完全识别和防范金融风险,因此金融风险监管难度大大增加。

(2)监管资源有限

监管当局人员、资金及技术受限,人员及资金缺乏的监管机构无法做到对金融机构及金融活动的全面、深入监管,监管资源的分配及使用效率亟须提升。在资源有限的情况下,如何监管精准度及效率成为监管机构面临的难题。

（3）监管协调与信息共享不足

监管部门与金融机构、监管机构、地方政府等部门间缺乏有效的监管协调机制,信息孤岛及监管真空状况严重,跨部门、跨地区之间的监管合作及信息交流机制不完善,监管效率低,监管风险大。

（4）监管法规与标准滞后

金融监管法规和标准滞后于金融创新与发展,不能及时有效应对新增的金融风险,并且金融监管法规标准的贯彻落实与执行能力、效果还须提高,部分金融机构存在违规行为、规避监管风险等问题。

7.4.2　解决区域金融监管问题的对策

7.4.2.1　加强监管资源整合与优化

要解决和规避现阶段区域金融监管所面临的问题,首先要将监管资源进行更优化的整合。增加监管资源的投入,不仅需要增加监管人员,也要注重提升监管人员个人的素质能力,保证个人的综合素养与发展的形势相匹配。增加监管资金投入,以物质保障强化监管。采用先进的监管技术强化监管手段,革新监管工作。

在强化投入的同时,还应优化监管资源的配置与运用。有限的监管资源,要向重点领域与关键环节的监管分配配置。应该投入更多监管资源,对风险因素高、影响大的金融机构和金融活动采取重点监管措施,确保金融市场的稳定健康发展。

此外,要推进监管技术的创新和使用。监管技术发展是监管工作又一个新的提升点。大数据、人工智能等技术的飞速发展为我们的监管工作赋予了新的活力,我们要借助新技术,提升监管能力和工作效率。借助技术实现监管工作的智能化、自动化,可显著减轻监管人员劳动强度,提高监管的准确性和时效性,让监管工作更加准确、高效。

7.4.2.2　完善监管协调与信息共享机制

健全和完善金融监管的协调机制和信息共享机制,以提升金融监管的效率和实效。建议健全跨部门、跨地区的金融监管协调机制,加强金融同业、监管机构和地方政府之间的沟通与协调,通过定期开展金融监管协调会、组建监管协调小组等方式实现各参与主体在信息方面的充分共享、协同监管,保障金融监管工作的落实和推进。

构建信息共享平台。信息共享平台构建完成后,监管信息能够实现实时共享、互联互通,监管机构可以及时获得金融机构运转情况、风险情况等关键信息,从而为监管决策提供有效的支撑。

除此之外,还应该加强同国际金融监管机构的联系与合作。由于跨国金融风险具有对单一国家监管部门来说力不从心的特点,所以应该积极参加国际金融监管机构,签署国际监管条约,通过与国际金融监管机构联系与合作共同治理跨国金融风险,提升我国金融监管的国际化影响力,为金融市场的稳定健康发展做出贡献。

7.4.2.3　更新监管法规与标准

随着金融创新与金融业不断发展,在强化金融监管法规和监管标准的修订和更新的基础上,及时与金融市场的变化保持适应。对新兴金融产品和服务,应该快速制定金融监管法规和金融监管标准,明确规定监管要求和操作标准,加强风险管理。另外,对于监管法规和监管标准,要严格执法,对任何违反金融监管法律法规的现象给予相应处罚,从而使监管法治达到良好的效果和保持金融市场的秩序与稳定。应该鼓励金融机构自觉遵从监管法规和金融监管标准,通过宣传、组织培训的形式强化金融机构的遵从意识、自律意识,维护市场良好的秩序。

7.4.2.4　强化风险预警与处置能力

做好金融风险的预防和应对工作。要充分利用金融风险预警机制,对金融运行和整个金融市场的发展进行及时监测,及时发现和警示相关风险,避免监管层失之于后和失之于慢。监管人员及时采取相应措施降低风险发生的严重程度和发生频率。制定一定的风险应急处理机制和处置规则。可以结合当下的金融市场实际情况做好处置方案,明确处置目标、处置原则及处置措施。除此之外,要进一步完善应急演练、强化知识学习等具体防范金融风险工作。

7.4.2.5　推动监管创新与科技发展

在金融监管领域,必须积极鼓励监管机构采用新技术、新方法进行监管创新,不断提升监管的效率和准确性。要高度关注大数据、人工智能等新技术在监管领域的适用性、成熟度,要着力发展监管科技,加强对新技术监管手段的探索,充分运用科技化监管方法提升监管效率和监管精度,更好发挥监管科技的作用;要注重加强监管科技和金融科技融合发展,充分发挥技术手段支撑金融科技和金融监管发展。通过监管科技和金融科技的有机融合实现监管的精准化、智能化和高效化,更好地适应金融市场的要求;积极倡导金融监管和创新发展同频共振,推动以监管沙盒为代表的创新举措。监管沙盒可以允许金融机构在一定程度上、在一定范围内、以一定的可控风险尝试开展金融创新,提供了相对封闭的安全环境。监管沙盒的运行可以让金融机构在合规基础之上积极稳妥地进行金融创新尝试,助推金融市场的持续健康发展。

总之,想要解决地区金融监管难题,我们需要加强监管资源整合与协调优化、健全监管协调与信息共享、修订监管法规和标准、强化风险的预警与处置、推进监管创新与科技运用等措施,以改善监管、保障地区金融稳定和安全,促进地区经济可持续发展。同时,还需要关注金融市场的发展变化状况,及时修订或完善监管对策,以满足新经济环境下地区金融监管的新要求。

7.5　加强区域金融风险管理的协同合作

在新常态下,区域金融风险更具复杂化和耦合性特点,单一主体已难以全面完成金融风险管理的各种工作任务,推进区域金融风险管理的协同协作管理已经成为提高金融风险管理效率和保障区域金融安全可持续发展的有效举措。

首先,金融机构应开展信息共享与风险联防,金融机构之间建立联合征信系统、风险信息共享平台等信息共享与风险联防机制,实现实时共享客户信用信息、风险事件信息、市场形势分析数据等信息,切实提升对潜在风险的识别能力和效率,提高金融机构的风险联防能力。例如,某一金融机构发现的风险点信息,可在金融机构之间的风险信息共享平台上及时传达给其他金融机构,并共同商议风险防范策略,防止风险跨机构蔓延。针对跨区域的金融风险,金融机构应建立跨区域金融风险联防机制,可通过定期召开跨区域金融机构金融风险联席会、联合开展金融风险调研等方式,共同防范和化解潜在的金融风险事件。

其次,强化监管部门与金融机构的沟通联系。监管部门要定期组织金融机构沟通会议,掌握金融机构风险管理状况和市场运行情况及存在的问题等,通过沟通,及时修订监管部门的政策和措施,使监管措施准确有效。监管部门应当加强对金融机构的现场及非现场监督检查,通过日常检查财务报表、业务数据等措施,确保金融机构合规经营,及时防范金融风险。监管部门还可以加强与金融机构的联合风险研究和学习活动,提升金融机构在金融风险方面的应对和管理水平。

地方政府在区域金融风险管理中也扮演了举足轻重的角色。地方政府应该通过制定和执行财政政策以及产业政策等措施,引导金融机构支持实体经济的成长,并减少金融风险。例如,地方政府可以加大对绿色产业、科技创新等领域的财政投入和税收优惠,鼓励金融机构加大对这些领域的信贷投放,促进经济结构的优化和升级。同时,地方政府还应加强与监管部门的合作,共同推动区域金融风险管理的协同作战。地方政府可以协助监管部门开展风险排查和处置工作,提供必要的政策支持和资源保障,如提供数据共享、技术支持等。

除地方政府应承担的职责外,企业作为金融市场的主体同样应参与到区域金融风险防控工作中,应提升企业自身的风险防控能力,建立完善的风险管理制度,主要包括制定完善的风险管理政策制度、风险控制和业务审批流程、风险监控预警机制等。此外,企业还应加强与金融机构及监管机构的沟通联系,积极寻求金融机构及监管部门对市场风险、信用风险等问题的支持,并对此进行对接、研究。例如,企业应定期向金融机构和监管机构报送自身经营状况及风险状况,向金融机构及监管机构寻求专业的风险管理建议和方案。

学术界也在区域金融风险管理中发挥了非常重要的作用。学术界需要进一步加强对区域金融风险方面的理论研究与实践探索,对金融机构和监管机构来说都是非常好的理论依据和智力支撑。学术界可以研究制定新的金融风险应对与防范的模型及方法,对于大数据、人工智能等金融风险未来可能发生的技术风险点进行更深一步的研究,拓展其未来在区域风险管理中发挥的作用和效用,使金融风险管理效果最大化。而且,学术界应当与政府、金融机构及企业等进行合作与交流,积极投入区域金融风险管理的政策制定与咨询中,充分发挥学术界在区域金融风险管理中的桥梁与纽带作用。

最后,建立区域金融风险协同防范机制、沟通交流平台。成立区域金融风险管理协调委员会或者工作领导小组,负责协调有关主体的合作事项,设计合作计划和方案,组织合作项目开展。同时,建设区域金融风险管理信息共享服务平台,促进有关主体之间的相互沟通交流和信息共享,提高区域金融风险防范和管理的效率和精确度。

总之,地区之间应通过通力合作和相互协作,做好金融风险管理工作,通过信息合作、协调沟通、政策支持和理论研究等形式,进一步提高金融风险管理的精准度和有效性,为地区金融行业稳定运行做好保障。

第8章　新经济环境下区域金融风险管理研究结论与展望

新经济时期,区域金融风险管理面临新的挑战,我们也通过对区域金融风险管理问题的深入研究,得到了一系列重要的研究成果并展望了今后的研究方向。在本章,首先,对研究成果进行概述,指出区域金融风险管理的复杂性特征、金融科技化、绿色金融与可持续金融等和区域金融风险跨区域管理;其次,指出现阶段研究存在的缺陷,比如研究的数据不够全面、数据的获取与研究的处理、新兴风险领域和前沿发展等不足,分析未来研究方向。希望本研究能为区域金融风险管理研究提供一定的帮助,进而促进金融市场的发展并实现可持续发展。

8.1　研究结论

在新经济环境下,地区金融风险管理面临新的机遇和挑战。通过较深入地对地区金融风险管理进行分析,我们获得了较为客观又有重要价值的结论。

第一,金融风险管理复杂化。在新经济背景下,随着金融市场的发展和金融创新速度的加快,金融市场正朝着多元化、复合型和国际区域性等方向发展。传统意义上的信贷风险和市场风险已不能全部描述当前的金融风险状况,如金融科技风险、绿色金融风险等新型风险不断涌现,并逐步成为影响区域金融安全的核心因素。金融风险复杂化要求金融风险必须由以单一风险管理为基础走向全面系统性风险管理。

第二，金融科技的风险管理作用逐步得到印证。大数据、人工智能、区块链技术等金融科技的应用为区域金融风险管理带来了颠覆性的变革，改进了金融风险管理效率与风险准确预测的能力，为金融机构提供了更多样化的金融风险管理手段，智能预警系统、风险监测模型等新型风险管理工具促进了金融企业及时感知并控制风险，做到对市场的敏捷响应，推动金融企业风险抵御能力增强和市场竞争中的先发优势。未来，随着技术发展的持续演进，金融科技风险管控的作用将表现得更加突出。

第三，绿色金融与可持续发展思维的有机结合是新的金融风险管理思路与方法。绿色金融是确保地区经济绿色转型的催化剂，通过环境风险评估和绿色债券的使用，金融业能更好地驾驭环境风险因素带来的金融风险，同时也有助于达到经济与环境效益两全其美的目的，为金融业可持续发展创造路径。在全球越来越重视环境与可持续发展的进程下，绿色金融在未来的金融风险管理中扮演着重要的角色，金融业要逐渐顺应这一趋势，以绿色金融思潮来引领和实现区域经济绿色转型和可持续发展。

第四，在新形势下传统金融的监管体系很难再适应金融发展需要，通过对金融创新、机制创新等建立金融监管体系的新模式才能从根本上解决此问题。其中，部门及区域间的监管协作，实现对各自相关信息的共享，是提升金融监管效率的重要途径，从而对金融风险在不同领域、不同部门及金融机构间的传递进行有效防范，以此提升金融市场的稳定性。此外，要实现监管科技的创新和进步，通过监管科技的智能化、精准化等确保金融市场的平稳发展。

第五，风险管理与业务发展并行。风险管理并不等于拒绝业务发展，也不等同于不参与业务发展。相反，风险管理能够为业务发展的开发、市场机遇的抓取提供支撑，并基于业务发展过程实现对金融机构风险的抵御，从而保证金融企业业务的发展。风险存在于金融企业的任何层面中，风险管理若嵌入金融企业的各项业务决策，才能实现风险与收益的协调统一，促使金融机构的持续发展。未来，金融机构需要在业务发展与风险管理之间寻求平衡点，利用先进的风险管理策略加强对金融企业业务发展的支持作用，促使其以稳健的发展为金融企业构建有利的经济发展环境。与此同时，金融行业的监管机构需要及时关注金融企业的业务发展,引导金融企业基于实际发展情况合理开展风险管理活动,促使其良性发展,从而维护金融市场的繁荣与稳定。

除上述主要结论外,本研究还在以下几个方面取得了重要成果。

一是将区域金融风险内容及影响机制进行了精细分解。对区域金融风险进行全面深入的分析后,本研究对区域金融风险影响内容和金融风险跨区域传导机制进行了综合分析,这可以帮助金融机构、金融监管部门等对区域金融风险进行有效识别和应对。

二是较为系统地对区域金融风险管理的概念与理论进行了整理。通过梳理金融风险论、金融脆弱性论、金融风险传播论等经典理论的内涵及其构成体系,丰富了区域金融风险管理的概念,并为区域金融风险管理提供了相应的理论框架。

三是综合总结区域金融风险管理实践分析。通过对当前区域金融风险管理实践探索工作的总结梳理,探知当前区域金融风险管理方法存在的优缺点,为下一步风险管理创新提供经验和借鉴。

四是提出新经济下区域金融风险治理的新动向和新对策。通过对新经济下金融科技、绿色金融等新金融的研究,分析未来区域金融风险治理的发展动向和治理对策的创新方向,为金融机构和监管部门在新经济下区域金融风险治理实现从"以老带新"到"化茧成蝶"的转变。

8.2　研究存在的不足与展望

虽然本书在区域金融风险治理研究上有所拓展,但仍存在许多不足,有待于在今后的研究中继续完善。以下是对本书研究中存在的不足以及对今后的发展展望。

第一,数据的采集及处理存在一定的局限性。在数据的来源上,本研究可能会出现一定的偏差,这样在研究风险预警模型及风险评估时就会对研究结果的真实性与有效性有所影响,进而限制对区域性金融风险的研究。因此,我们要拓宽数据的来源渠道,在数据的完整性和准确性上有所提升。一方面,可以与金融机构及监管体系等进行沟通;另一方面,可以通过对大数据及人工智能等相关技术的合理应用,增强数据处理及分析的效率性与科学性,还可建立跨机构、跨区域的数据共享与联通机制。

第二,对于新兴金融风险的研究偏少。在以新经济环境为主要特征的新情况下,不断出现新的金融风险类型。本书对金融科技领域风险、绿色金融风险等新兴金融风险领域的研究并不充分,也未能充分揭示这些风险的新特点、新规律。未来,我们应加强对新兴金融风险的总结,进而构建起更加系统的金融风险管理机制。其一,可加大对金融科技领域的新科技、新应用、新模式下的金融风险研究,进而分析此类新兴金融风险给金融风险管理带来的新挑战和新特征;其二,可加大对绿色金融领域的新机制、新工具、新实践的研究,进而探索其在区域金融风险管理中的运用前景;其三,应对其他各种新兴金融风险进行研究,例如,针对网络金融风险、数字货币金融风险等进行深入研究,并建立较为完善的金融风险管理体系。

第三,跨区域协同管理的实证分析相对较少。我们对跨区域协同管理展开了相应的理论分析,但是缺少实证分析的支持,这也就难以实现对跨区域协同管理的效果和可行性的全面认识。未来,需要在跨区域协同管理方面加强实证分析,选取一定的典型区域展开实证分析,总结相关经验。具体而言,应该选择具备一定区域代表性的区域展开相应的实证分析,考察跨区域协同管理的效果和问题;分析相应问题,借鉴国外的优秀经验,探索本国和地区的跨区域协同管理模式;建立相应的跨区域协同管理的评估指标体系,进行实际的跨区域协同管理效果的量化评价和分析。

第四,政策建议操作性不足。本书政策建议提出得比较超前,在实践操作层面可能面临较多困难。本书的部分政策建议太理论化,缺乏可操作的具体措施,在实践执行上必然会限制政策建议的实践效果。后续,根据区域经济发展实际,可提出更加具有针对性的、执行性强的政策建议;建议结合区域经济发展实际展开调研,摸清金融机构、金融机构需求和金融监管需求等;也可联合政府、协会等做好政策针对性和操作性制定工作;进一步做好政策建议宣传推广,让政策建议"飞入寻常百姓家"。

针对以上不足,未来的研究可从以下方面展开。

一是加强在金融科技方面的应用和研究。未来可以围绕风险管理的相关领域,进一步研究更多金融科技和风险识别、评估、控制等场景的结合,如一些机器学习、深度学习等算法如何与风险管理更加紧密地结合在一起;同时进一步强化金融科技和风险管理新模式和新领域的结合,譬如智能合约、区块链技术等在风险管理中的应用等。

二是提高绿色金融和区域融合风险研究的实证分析。未来可以围绕绿色金融与区域经济之间的协调发展分析进一步细化绿色金融对于促进区域绿色转型、促进区域绿色产业发展等的作用机制,提出相关针对性建议;同时对于绿色金融的相关新领域、新政策、新工具、新实践等相关内容进一步加强研究和探讨,分析其对于区域金融风险预警的借鉴、参考意义等。

三是加强对相关跨区域协同的实证分析。未来在围绕区域经济发展的相关实证研究中可以选择一些较有代表性的区域予以重点的实证分析,研究在这样的跨区域协同管理工作实施中存在的有益做法和一些实践障碍、建议等,同时也可以注重借鉴和吸收其他国家、地区的一些很好的做法、经验来指导我们进行针对性的政策建议。

四是注重政策建议的针对性和可操作性。可以进一步在政策建议的针对性上加强基础的调研和分析,进一步了解和掌握相关金融机构和监管部门的诉求、需求;进一步与相关政府部门、协会、产业联盟、相关领域专家等加强沟通和合作,联合制定一些有针对性、可操作性强的政策建议;在相关建议的宣传、推广方面可以进一步加强有针对性的宣传推广。

今后,随着新经济环境的不断变化,区域金融风险管理工作将越发错综复杂,但只要我们保持灵敏、创新,与时俱进地不断摸索及实践新的金融风险管理理念与工作方法,就一定能够战胜挑战、促进区域金融的健康可持续发展。具体而言,可以关注下列发展趋势。

一是金融科技与风险管理深度融合。金融科技发展的高度,会体现在风险管理应用与服务功能的发挥中,未来我们要探索更多的新技术在风险识别、测算、监测等方面的应用,提升风险管理的科学化与精准化,也可加强对金融科技与风险管理新应用和新模式的关注,譬如智能合约、区块链等技术在风险管理中的应用探索。

二是绿色金融与绿色发展融合。在日益注重环境、可持续发展的背景下,未来一段时间绿色金融将是金融风险管理的重要方向,可对绿色金融驱动区域经济绿色转型发展机制进行分析,提出更具体的政策建议,也可关注绿色金融领域的政策、工具、实践及其在区域金融风险管理领域的应用前景等。

三是跨区域协同管理强化。地区经济进一步发展,金融市场日显活跃,未来跨区域协同管理将日益成为金融领域风险防控的核心趋势。可以着力增强跨区域协同管理的实证研究,尝试构建适合我国国情的跨区域协同管理模式,也可以加强跨区域的信息共享与构建监管协同机制,提升跨区域的协同管理效率与水平。

四是业务发展与风险管理共生推进。将风险管理业务植入业务决策过程中,处理好风险与收益的关系,发挥科学风险管理对金融业业务发展的促进作用。金融机构也可以通过科学的风险管理促进自身业务稳定发展。而监管机构也可以关注金融机构的业务发展状况,适当进行业务引导,即帮助金融机构科学合理地做好风险管理工作,促进金融市场健康繁荣。

总之,今后我国金融风险管理领域的研究与发展大有可为,虽然有不少挑战,但也有巨大的机遇。我们应时刻保持敏锐的洞察力,把握新机遇,不断创造与改变,以迎接和克服各种挑战;积极寻求并加深与国外先进金融机构的有益合作,汲取国外教训经验或解决方案,不断进行改进与创新,从而为我国金融风险管理的实践提供更加精准有效的指导与支持。

参考文献

[1] 约翰·梅纳德·凯恩斯.就业、利息和货币通论 [M].徐毓枬,译.南京:译林出版社,2019.

[2] 丁杰.金融科技学 [M].北京:北京理工大学出版社,2023.

[3] 郭战琴,李永奎.金融风险管理 [M].北京:机械工业出版社,2023.

[4] 郝晋辉.金融科技 [M].厦门:厦门大学出版社,2020.

[5] 胡舒予.金融风险与金融科技探究 [M].北京:中国言实出版社,2024.

[6] 江朦朦.绿色金融可持续发展研究 [M].长春:吉林出版集团股份有限公司,2022.

[7] 李昕桐.区域经济发展转型研究 [M].北京:中国书籍出版社,2024.

[8] 李瑄.新经济环境下的融媒体营销策划 [M].天津:天津大学出版社,2021.

[9] 李正辉,马守荣.金融风险指数构建与应用——区域金融风险监测分析报告(2016)[M].北京:中国金融出版社,2016.

[10] 林川,翟浩淼.金融科技概论 [M].重庆:重庆大学出版社,2023.

[11] 刘海龙.金融风险管理方法 [M].上海:上海交通大学出版社,2022.

[12] 刘瀚斌,李志青.绿色金融风险理论与实务 [M].上海:复旦大学出版社,2023.

[13] 潘长风.区域金融风险防范和化解探索 [M].北京:经济管理出版社,2020.

[14] 徐立平.现代金融风险预警与管理 [M].沈阳:东北大学出版社,2004.

[15] 杨华.金融风险预防与控制 [M].郑州:河南科学技术出版社,2013.

[16] 张峰,肖文东,杨泽云,等.金融科技创新与区域经济协同发展研究 [M].北京:经济科学出版社,2021.

[17] 白鹤祥,刘社芳,罗小伟,等.基于房地产市场的我国系统性金融风险测度与预警研究 [J].金融研究,2020（8）：54-73.

[18] 毕京津.新经济环境下供应链金融风险及其防控策略研究 [J].企业改革与管理,2022（3）：120-122.

[19] 胡金星.存量房为主的时代要严控房地产金融风险 [J].探索与争鸣,2017（12）：42-44.

[20] 贾拓,姚金楼,王承萍,等.区域系统性金融风险的识别与防范——以泰州为例 [J].上海金融,2012（12）：102-107.

[21] 李颖.国外地方政府债务治理分析及启示 [J].投资与合作,2022（11）：31-33.

[22] 马守荣,许涤龙.区域金融风险对宏观金融的危害与对策研究 [J].调研世界,2014（3）：53-56

[23] 毛晖,陈志勇,雷莹.美国地方政府债务危机管理经验及启示 [J].地方财政研究,2015（1）：87-90.

[24] 闵剑,朱娇娇.基于证据推理的区域金融风险预警监测模型构建——以湖北省为例 [J].财会通讯,2020（14）：134-138.

[25] 瞿小丰.防范和化解区域金融风险的对策建议 [J].中国集体经济,2019（23）：95-97.

[26] 苏兴,李琪,杨笑样.区域金融风险预警研究：一个文献综述 [J].财会月刊,2024,45（15）：122-128.

[27] 谭中明,夏琦.我国系统性金融风险与宏观经济波动关系：指标度量与动态影响研究 [J].金融理论与实践,2020（3）：8-16.

[28] 王旭.东北亚区域经济合作与跨国城市体系 [J].史学集刊,2001（2）：61-66.

[29] 谢坤,夏琦,谭中明.我国省域系统性金融风险的测度分析 [J].农村金融研究,2019（5）：35-39.

[30] 袁金凌,李琪琦.地方政府债务风险管理研究：现状对比、经验借鉴与启示建议 [J].西南金融,2023（11）：3-18.

[31] 赵娟,卢敏.数字经济对金融产业生态系统的影响与重构 [J].现代营销(下旬刊),2024（7）：13-15.

[32] 周晔,丁鑫."激化"还是"缓释"？数字金融对区域金融风险的影响研究——跨区效应、机制识别与结构特征 [J].国际金融研究,2022（10）：26-37.

[33] 邹丽,李兰涛,曹洪劼,等.金融科技在风险管理领域的应用研究与实践[J].中国金融电脑,2023（12）:37-42.

[34] Bakkar Y, Rugemintwari C, Tarazi A. Charter value, risk-taking and systemic risk in banking before and after the global financial crisis of 2007-2008[J]. Applied Economics, 2020, 52（36）: 3898-3918.

[35] Diem C, Pichler A, Thurner S. What is the minimal systemic risk in financial exposure networks?[J]. Journal of Economic Dynamics and Control, 2020（116）: 103900.

[36] Li M, Tang J. A Study on Regional Financial Risks Based on CoCVaR Model[J]. Discrete Dynamics in Nature and Society,2021（1）: 2050169.

[37] Liang Q, Lu Y, Li Z. Business connectedness or market risk? Evidence from financial institutions in China[J]. China Economic Review,2020（62）: 101503.

[38] Navarro-Galera A, Alcaide-Muñoz L, López-Subires M D, et al. Identifying risk determinants of the financial sustainability of regional governments[J]. Public Money & Management, 2021, 41（3）: 255-263.

[39] 高广鑫.地方金融监管对区域金融发展水平的影响[D].大连:东北财经大学,2022.

[40] 李乐乐.地方政府债务对区域金融风险的影响研究[D].兰州:兰州财经大学,2024.

[41] 孙明漪.中国区域金融风险影响因素研究[D].沈阳:辽宁大学,2022.

[42] 王香.地方政府债务扩张对区域金融风险的影响研究[D].兰州:兰州大学,2023.

[43] 温佳惠.中国区域金融风险预警研究[D].西安:西安财经大学,2022.

[44] 徐卓.区域金融风险指数研究[D].北京:北京交通大学,2021.

[45] 杨枫.中国地方政府债务可持续性及风险防控研究[D].沈阳:辽宁大学,2022.

[46] 杨娟.微观视角下我国银行系统性风险的影响因素研究 [D]. 杭州：杭州电子科技大学,2023.

[47] 朱中华.资产价格波动与地区金融风险的关系研究 [D]. 北京：中央财经大学,2021.